青春文庫

決定版

知らないとつまずく大人の常識力

話題の達人倶楽部［編］

青春出版社

常識力が身につけば、人間関係が驚くほど〝なめらか〟になる

常識は、はじめのうちはわからなくても経験を重ねていくうちに自然と身についていくものですが、なかには間違ったまま覚えていたり、勘違いしたまま自己流を貫く人もいます。だからといって「いまさら他人に聞くことなんてできない」のが本音でしょう。

本書は、どんな場面でもまごつかずに、自信をもってふるまえるようになる「大人の常識力」のコツをご案内していきます。

マナーやしきたり、モノの言い方から食の作法、気配りのコツまで、これだけ知っていれば驚くほど人間関係が〝なめらか〟になるはずです。

ぜひ自分の〝ウィークポイント〟を知り、大人の常識力を身につけていただければ幸いです。

２０１８年11月

話題の達人倶楽部

決定版　知らないとつまずく大人の常識力■目次

1

「食」

――品のいい人は、食べ方の作法を心得ている……13

2 「ビジネス」

3 「人間関係」

4

「モノの言い方」

いい関係は、いい「言葉」に宿っている…………155

5

「しきたり」

カバーイラスト提供■Jiw Ingka/shutterstock.com
本文写真提供■Oxy_gen/shutterstock.com
Line-design/shutterstock.com
jozefmicic /stock.adobe.com
DTP■フジマックオフィス
制作■新井イッセー事務所

1
「食」
品のいい人は、食べ方の作法を心得ている

教養として身につけておきたい
ワインの心得

特別な日だからとフレンチレストランのコース料理を予約したものの、当日の料理に合ったワインを選ばなければならないことがプレッシャーだという話を耳にします。

たしかに、ワインに詳しくない人なら、見てもわからないワインリストを渡されて、ずらりと並ぶ銘柄の中からひとつを選ぶのは気が重いものがあります。

しかも、魚料理には白ワイン、肉料理には赤ワインが基本といいつつ、マグロなどの赤身の魚には軽めの赤がいいとか、兎肉にはスッキリとした味わいの白ワインが合うなどとイレギュラーなことをいわれるとますますわからなくなってしまいます。

そこで、まずは料理の色とワインの色を合わせることを覚えておきましょう。

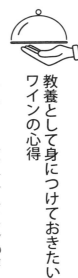

たとえば赤身の肉や魚、トマトソースの料理なら赤ワイン、鶏肉や白身の魚、クリームソースなら白ワインといった具合です。

また、デミグラスソースのようなどっしりとした味には渋めの赤ワインが合い、マリネなどのさっぱりした味つけにはさっぱりとした白ワインが合うなど、味を表現する時に使う言葉が似ていれば失敗することもありません。

とはいえ、レストランのワインリストを見ても、どれが軽めなのか重めなのか、そんな情報はどこにも書いてありません。

そうなるとやはり頼れるのはソムリエです。「軽めの白」でとか、「どっしりとした赤で」と希望を伝えて銘柄を選んでもらいましょう。

ただ予算以上の高級ワインを選ばれても困るので、ワインリストの値段のところをしっかりと指をさして「この辺りの軽めの白で」と注文する方法もあります。

安いワインを注文するのはカッコ悪いなんて思うことはありません。高級ワインはおいしいのが当たり前です。高級な店ほど優秀なソムリエが手頃な値段のワインを選んでくれるし、ワイン好きな人もそれを知って注文しているのです。

魚の盛りつけは、どうして頭を「左」にするのか

1匹丸ごと焼いたサンマやメバルの煮つけなど、尾頭つきの魚を盛りつける時、どの向きで皿に置くか意識したことはあるでしょうか。

どういう向きに置いても味は同じだと言われるとたしかにそうなのですが、料理の盛りつけにも基本的なマナーがあります。

和食では、尾頭つきの魚はどれも左側に頭がくるように盛りつけるのが決まりです。

これは右手で箸を持つことが前提になっているからで、左手で軽く頭を押さえると身をほぐしやすいからです。

左利きの人にとっては食べにくい向きではあるのですが、基本的な盛りつけとしては左が頭、右が尾になります。

では、なぜ頭が左にくるのかというと、その理由は諸説あります。そのひとつに日本では左のほうが格が高いという伝統があったからというものがあります。日本では飛鳥時代の頃から「左上位」といって、右よりも左のほうが格上とされてきました。

右大臣よりも左大臣のほうが位が高く、席次でも部屋の奥を背にして左側のほうが上座になります。

この左上位の考え方が料理の盛りつけにも取り入れられて、左のほうにメインのものを置くようになったとか。

それを知って改めて和食の盛りつけを見てみると、天ぷらは左で天つゆは右、刺身は左で薬味は右など、たしかにメインの料理が左側に配置されています。

この位置関係を意識しておけば、和食の盛りつけや配膳に失敗することはないでしょう。

ちなみに、魚の頭を左側に向けても、背が手前になっているとそれは間違いです。腹が手前にくるように置きましょう。

和室で足を崩してもいいのは、どのタイミング？

イスでの生活が当たり前になり、正座なんてここ何年もしていないという人もいるかもしれません。

しかし、改まった接待であれば格式の高い店の和室を使って行われることもあります。社会人ともなればそのような場に同行することもあるので、きちんと正座できるようにしておきたいものです。

とはいえ宴席の間中、ずっとかしこまっていることはありません。足を崩すのはけっしてマナー違反ではありませんが、問題はそのタイミングです。

少し正座しただけで足がしびれたからといって、まだ乾杯もしていないのにあぐらをかいたり横座りしたりするのは早すぎます。少なくとも乾杯が終わるまでは姿勢を正しておきましょう。

しかし、その時点でまだ接待相手も上司も足を崩していなかったらまだ我慢です。目上の人が姿勢を正しているのに、部下だけ楽な姿勢になるのは礼儀に反するからです。

宴席で上司がなかなか姿勢を崩さないのは、緊張しているからかもしれません。新規の取引相手だったり、微妙な案件を抱えていればいくら酒の席とはいえ気を抜くことはできないのです。そのあたりの雰囲気を察して、部下も礼を失しないように緊張感を保ちたいものです。

酒が進んで目上の人たちが楽な姿勢を取り始めたら、それにならって足を崩します。この時、どんなに足がしびれていても、大げさに痛がったりしないように。また、楽な姿勢にしていいからといってテーブルに肘をついたり、両手を後ろの畳について体をそり返したりしないように注意しましょう。だらしのない人間だと思われてしまいます。

リラックスして取引先と和やかな時間を過ごすことも大切ですが、あくまでも控えめに礼儀正しくしておくことです。

〝マイ茶碗〟〝マイ箸〟にみる日本人と食の関係

自宅でご飯を食べる時は、マイ茶碗とマイ箸を使う――。これは日本の家庭なら当たり前のこととして行われています。

しかし、このように自分専用の食器を持つという習慣は、世界広しといえども日本くらいのものだといいます。

たしかに、欧米ではナイフやフォーク、皿にも専用のものはないし、同じ〝お箸の国〟の韓国や中国にもマイ箸という概念はないようです。

ではなぜ、日本だけ自分専用の箸を持つことになったのでしょうか。

箸を使ってものを食べるという習慣は奈良時代の頃に中国から日本に伝わりましたが、その当時、使われていたのは現在の割り箸のような使い捨てのものだったといいます。再利用はされなかったわけです。

そこには、他人の使ったものを使うと〝穢れる〟という概念があったからだとか。だから、一度使った箸はわざわざ折って捨てるのがしきたりという時代もありました。

同じように、茶碗も他人に領域を侵されないように自分専用のものを使うようになったといいます。昔の日本人にとって、食事というのはそれほどまでに神聖な行為だったというわけです。

また、横向きに置いた箸には「結界」の意味もあります。食べ物は神からいただいた神聖なものなので、箸を横向きに置くことで神の世界と人間の領域との間に一線を引いているのです。

他人の使った食器で穢れるなんて今では考えもつかないことですが、家族の箸や茶碗を使うのに何となく抵抗を感じるという人もいます。

日本人ならではの感覚は、無意識のうちに受け継がれているのかもしれません。

「フォークの背に乗せてご飯を食べる」のはマナーなのか

主食はパンよりも「絶対ご飯」という人にとっては、パンかライスが選べる日本のフレンチレストランはありがたいものです。

しかし、おいしく味わいつつも頭を悩ませるのが、フォークとナイフでいかにライスを食べるかという問題です。

ライスを食べているほかの客の様子を見ていると、フォークの丸まった部分を上にして、ナイフを器用に使ってその背にライスを乗せている人もいれば、フォークの腹の部分に乗せて食べている人もいます。

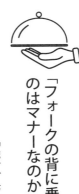

どちらが正しい食べ方なのだろうかと迷うところですが、よく考えてみるとフォークを使ったライスの食べ方に正解も不正解もありません。

なぜなら、ナイフとフォークの文化はそもそも欧米のものです。欧米では、日本のように皿に盛ったライスは出てきません。

ライスは野菜にカテゴライズされているので、主食ではなくサラダに使われる程度なのです。

だから、どちらでもいいといえばいいのですが、フォークの背を使うと口に入れにくいうえ、落ちやすくなります。

だから、フォークの腹を上に向け、ナイフの方に向かってフォークを滑らせてライスを乗せて口に運ぶようにします。

ちなみに、アメリカではフォークを右手に持ち替えてスプーンのように使うこともありますが、これは正式ではありません。

魚料理を食べる時も同じです。魚のグリルなどの場合、塊に切り分けた身は刺して食べることができますが、ほぐれてしまうとフォークに刺すことができません。

そんな時にも、腹の部分に身を乗せれば最後まできれいに食べることができます。

箸の使い方で一目おかれる人、評価を下げる人

毎日当たり前のように使っている箸なのに、接待など緊張を伴う場面になると、急に自分の箸の使い方は正しいのだろうかと不安になることはないでしょうか。

箸には「嫌い箸」といわれるさまざまな禁忌がありますが、それを思い出すと自分の箸の使い方に自信が持てなくなってしまいます。

「たしか、箸を皿の上で動かしてどれにしようかなと迷うのは行儀が悪いはず」

「箸をいったん置く時は、取り皿の上に置いてもいいんだっけ…」

などと、気になり出したらせっかくの料理の味もわからなくなってしまいます。

料理が盛りつけられた皿の上でどれを取ろうか箸を動かしながら迷うのは「迷い箸」、箸を取り皿に置くのは「渡し箸」といってどちらもよくありません。

料理を取る時には迷わず取る、箸を置くなら箸置きに置くのがマナーです。

しかし、目の前にいるのがマナー教室の先生のような〝プロ〟でなければ、箸を取り皿の上に置いたくらいで咎められることはないでしょう。

そこで、これだけは心に留めておきたいというポイントを覚えておきましょう。それは、汚れた箸先を人に向けないということです。

料理を挟んで口の中に入れた箸を取り皿に置く時、テーブルの向かい側にいる人のほうに箸先を向けて置くと、箸先の延長線上にいる人にとってはやはり気持ちのいいものではありません。

口に入れたものはきれいではないと意識しておけば、自然と自分の体と並行に置こうという気持ちになります。

もちろん、手で持った箸で人を指したり、しゃべりながら振り回すのはもってのほかです。

人を不快にさせないことが、箸の使い方の最低限のマナーなのです。

じつはこれだけ知っておけばいい 和食のマナー

焼き物や煮物、天ぷら、小鉢などがずらりと並んだ御膳料理を前にすると、どれから食べようかとつい目移りしてしまうものです。

お腹が空いていたりすると、ガッツリと味の濃い肉料理から先に食べたくなったりもします。

しかし、正しい和食のマナーに従えば、左側にある料理から食べ始めるのが正解です。

なぜなら、左側から食べてもらうことを想定して味つけがされているからです。

どういうことかというと、和食の料理は左側から右側に向かって味つけが濃くなるように配膳されています。

必ずしもそういう場合だけではありませんが、御膳料理のメニューの写真などを見比べてみると、左の手前に茶碗蒸しや刺身、酢の物などが配置されている場合が多く見受けられます。

そして中ほどには煮物や天ぷら、そして右側には肉の陶板焼きというパターンもあります。

この順番を無視して味の濃いものから食べてしまうと、薄味の繊細な風味や味がわからなくなってしまいます。

最後に残った酢の物などを食べて、味気なかったと思うのは食べる順番が間違っていたせいかもしれません。

また、和食は小さな器なら手で持って食べるのがマナーですが、器を取る時は左側にある器は左手で、右側にある器は右手で取ります。

右側にあるものを左手で、もしくはその逆のことをしてしまうと料理の上を袖がまたいでしまいます。

これは「袖越し」といってマナー違反です。不作法だとされるので料理の上には腕を伸ばさないように気をつけましょう。

カップとソーサーの使い方で、上品さを演出する方法

紅茶の香りにはリラックス効果があるといいますが、それを繊細なティーカップで飲むのは紅茶好きな人にとっては至福の時でしょう。

紅茶好きが多いイギリスの映画では紅茶を飲んでいるシーンが出てくることがありますが、その場面は優雅に見えます。ちょっと武骨な男性キャラクターでさえ、紅茶を飲むシーンばかりは品があるのです。

それは、ティーカップを持つ時の俳優の指にあるかもしれません。箸を正しく持つと手元が美しいように、ティーカップにも正しい持ち方があるのです。

マグカップを使う時は、カップに重みがあるので持ち手を握るようにして持ちます。さらに、左手でカップを包み込むようにする人もいます。

しかし、ティーカップは持ち手の中に指を通しません。左手でカップを支える

のも正式ではありません。

つい人差し指を巻き込むようにしてしまいがちですが、持ち手は親指と人差し指、中指の3本でつまむように持ち、薬指で支えるのが正しい持ち方なのです。

この持ち方をすると誰でも美しくティーカップを持つことができるのですが、しかし、3本の指でカップを持ち上げるのはけっこう難しく、慣れないうちは落としてしまいそうになるので注意が必要です。

また、ソーサーを左手で持って飲む姿はさらに優雅な感じがしますが、あれは別に上品ぶっているわけでもなんでもありません。

ソーサーというのは、カップの中身がこぼれた時に受けるものなので、ソファーに座っていてテーブルと口元が離れている時に、受け皿として使っているのです。だから、立って飲む場合にも左手にソーサーを持ちます。

カッコいいからといって、ふつうの高さのテーブルでやってしまうのはNGです。

会食中のスマホの扱いで、人間関係にヒビが入るケース

１日中スマホが手放せないという人にとっては、食事中もテーブルにスマホを置いておくのは当たり前といったところでしょう。ちょっと目を離していたすきに新しい情報がアップされたり、連絡が来たりするものですから、頻繁にチェックしたいと思うのもしかたがないのかもしれません。

ただ、会食などでは食事のテーブルにものを置かないのが原則です。そもそもスマホを手元に置いていること自体がマナー違反なのです。

また、食事を共にすることは、お互い心を開いて楽しい時間を共有するための行為でもあります。

にもかかわらず、ほとんど会話もせず画面に釘づけとなると相手を拒絶してい

るのも同然です。同席の人がいくら親しい友人や家族であっても気持ちがいいはずはありません。

また、食事の前に必ず料理の写メを撮るという人もいます。SNSに乗せることが目的なので、できるだけきれいに撮りたいからと何度もアングルを変えたり、皿の位置を変えたりしてなかなか撮影が終わりません。

そのうえ、撮影した写真をその場でさっそくSNSにアップする人もいたりして、そのマイペースさはさすがに周囲を呆れさせます。

このようなスマホに依存しきっている人は、友人や家族でさえ呆れさせたりするのですから、それが上司など目上の人の前となったら絶対にスマホをいじることは封印しなくてはなりません。ポケットやバッグの中など、目につかないところにしまっておきましょう。

それに、右手に箸、左手にスマホという光景は正直、見苦しいものがあります。周囲を見渡して、食事しながらスマホをいじっている人がどう見えるのか冷静に観察してみましょう。

食べ慣れない料理が出てきても、戸惑わないで楽しむ心得

社会人になると新しく覚えることがたくさんありますが、ふだん食べ慣れない料理の味を知るのもそのひとつではないでしょうか。

高級な店に行ったりすると、どうやって食べればいいのかと戸惑ってしまうようなものが出てくることもあります。

その代表的なものが、秋の季節料理である土瓶蒸しです。学生の頃なら、居酒屋のメニューにあったとしても特段腹を満たせるわけでもないので、まずは頼まない料理でしょう。

しかし、接待に使うような懐石料理の店などでは秋になると登場することがあります。

土瓶蒸しは、1人ひとつずつ土瓶の器で出てきます。土瓶のフタの上にはお猪

口が乗っていて、スダチが添えられています。

土瓶の中に入っているのは、出汁とマツタケやハモなどの具材です。めったにお目にかかれないマツタケを見ると、まっ先に口の中に放り込みたくなりますが、まだ箸は持ちません。

まずはお猪口に出汁を注ぎ、香りと味を楽しみます。土瓶蒸しはマツタケの香りが移った出汁を堪能する料理なのです。

次に土瓶の中にスダチを絞り、数十秒フタをして蒸らしたら、ようやく箸を取って具材をお猪口にいれて食べます。

そうして具材を少し食べたらまた出汁を注いで…というように交互に食べるといいでしょう。

とはいっても、これが絶対に守らなければならない厳格な作法というわけではありません。

まずは「出汁を楽しむ」ということさえ押さえておけば、土瓶蒸しもそう難易度は高くないのです。

箸は「取り方」「持ち方」「置き方」をセットでおさえる

注文した料理が運ばれてきて、「では、いただきます」と手を合わせたら次に箸を手に取るわけですが、その時、何拍子で箸を持っているか意識したことはあるでしょうか。

右利きの人なら、おそらく①左手で箸の中ほどを持って持ち上げ、②右手に持ち替えるという2拍子の人が大半ではないでしょうか。

右手で箸の上から持ち上げて、そのまま人差し指と中指の間に挟んで器用にクルっと回して持ち替える人もいるかもしれません。

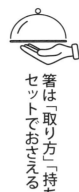

しかし、じつは箸の取り方にルールがあり、一、二、三の3拍子で箸を持つのが正しい作法なのです。

それには、まず①右手で箸の太い部分を持って持ち上げ、②箸の中ほどに裏側から左の指を添えます。そして最後に③右手に持ち替える。これが「三手使い」といわれる持ち方です。左利きの人は左右が逆になります。

箸を置く時はこの動きを逆回しにします。①右手に持った箸に左手を添え、②右手で上から箸を持ち、③箸置きに置く。

滑らかに流れるように行うと、とても美しい所作なので、改まった席で自然にできるようにふだんからこの取り方をクセにしておきたいものです。

また、吸い物などの汁物を食べる時に椀と箸のどちらを先に持てばいいのか迷います。

片手に箸を持って、もう一方の手で汁椀を持ち上げようとすると中身が傾いてこぼれそうになるので、この場合はまず汁椀を持ちます。

そして、右手で箸を取り上げたら、椀を持った手の人差し指と中指の間に軽く挟み、それを支えにして右手に持ち替えます。

このような動きがさりげなくできれば、一目おかれること間違いありません。

手で受けながら料理を口に運ぶ「手皿」がダメな理由

料理を箸でつまみ、もう片方の手で受けながら口に運ぶことを「手皿」といい、何となく片手で食べるよりは品があるように見えなくはありません。しかし、手皿はじつは作法として正しいとはいえません。料理が水分の多いものだったら手のひらを汚すことにもなりかねません。

では、どうやって食べればいいのかというと、料理の入った器を持つことです。ご飯茶碗や汁椀はもちろん、小鉢や茶碗蒸しの器も胸元のあたりまで持ち上げて食べます。

手で器を口のほうまで持ち上げなければ、手皿で受けるか、もしくは口から皿のほうに〝お迎え〟に行くことになりますが、これは品がない姿になってしまうのできちんとした席では絶対にしないようにしてください。

さらに、食器に顔を突っ込むようにして食べるのは、「犬食い」といって行儀が悪いので絶対にやめましょう。

しかし、なかには持ち上げてはいけない器もあります。それは、煮物が入った大きな器や刺身、焼き魚、天ぷらが乗った皿などです。

持ち上げていいかどうかの目安は、手のひらの大きさよりも小さいかどうかで、手のひらサイズ以下なら持ち上げてもＯＫです。

刺身や天ぷらの場合は、醤油の小皿や天つゆの器で受けて食べます。こうすれば、ポタポタと醤油やつゆをこぼして服やテーブルを汚してしまったりすることもないのです。

ただし、この器を持って食べるというマナーは和食の独特の習慣で、フランス料理や中国料理では器を持つこと自体がむしろマナー違反だったりします。ＴＰＯで使い分けましょう。

寿司を手で食べる人、箸で食べる人、それぞれの〝言い分〟

料理を手づかみで食べると行儀が悪いといわれますが、寿司は手で食べた方が粋だという人がいます。粋かどうかは別として、実際、握り寿司は手で食べたほうがおいしいのだとか。

その理由は、握り寿司で醤油をつけたいのはシャリよりもネタのほうだからです。たとえば刺身をそのまま食べるのと、ワサビ醤油をつけて食べるのとではうまみがまったく違うように、握り寿司もネタに醤油をつけて食べたほうが断然おいしいのです。

ところが箸で横から挟んでしまうと、うまくネタの側に醤油をつけることができません。シャリに醤油がたくさん染みてしまうと、ぽろぽろと崩れてしまったりもします。

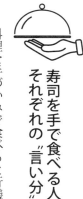

その点、手で持って食べるとうまく握りをひっくり返すことができます。

まず、親指と中指で握りの両サイドを押さえ、人差し指は俵のてっぺんに引っ掛けます。そして、握りを手前にひっくり返すようにしてネタの端にちょっと醤油をつけます。

そうしてそのまま口に運べば、ちょうどネタが舌の上にのり、おいしく寿司を味わうことができるのです。ですから、寿司を手で食べるのはマナーに反したことではありません。

そのため、すし屋では大きなおしぼりが用意されていて、入店したタイミングだけでなく、食べている最中にも新しいものを出してくれます。「手が汚れたらどうぞ拭いてください」ということなのです。間違っても汚れた指を舐めたりしてはいけません。

かといって、箸で食べてはダメというものでもありません。どちらでも、自分が食べたいようにおいしく食べるのが一番です。

ひと口で食べきれない時には、どう食べるのが正解？

ナイフとフォークで食べる料理はひと口大に切ってから口に運ぶ。これは箸で食べる時も同じです。

たとえば、おでんの大根やちくわ、はんぺんなども箸でひと口サイズに切って食べます。噛みちぎって歯形がついたものを皿に戻す人もいますが、これはきれいな食べ方ではありません。だから、煮物を見ればわかるようにすべての素材がひと口サイズになっています。

しかし、ナイフとフォークと違い、箸で切れないものもあります。おでんでいえば、こんにゃくです。

また、天ぷらのエビやイカもいくら火を通しても弾力が衰えることはないので、箸で切るのはかなり苦労します。

このような噛み切るしか方法がない食べ物の場合は、どうすればいいのでしょうか。答えは、「皿に戻さず一気に食べる」ことです。

かじってひと口食べたら、咀嚼している間も箸に挟んだままにしておいて、皿に戻さずに最後まで食べきってしまったほうが望ましいのです。

豪快にかぶりつく料理といえば、フライドチキンなどが思い浮かびますが、これも手で持って食べ始めたら食べきったほうがいいでしょう。

かじったものをまた皿やテイクアウトの箱に戻したりするのは、本人はよくてもやはり見ていてきれいなものではありません。

また、エビのしっぽやチキンの骨など、食べ終わった後に残るものは見苦しくないように皿の端のほうに寄せたり、ナプキンで覆っておくなどの配慮があればなおいいでしょう。

いくら身なりに気を遣っている人でも、食べ方がきれいでなかったらイメージダウンは避けられません。

かじりかけの料理の扱いには注意しましょう。

中国料理の「円卓」と席次をめぐる見えないルールとは？

中国料理の大切なマナーは、ズバリ周囲への気遣いです。どんなに本格的な店でもフランス料理のような厳しいマナーが求められることはありませんが、大勢で囲む料理だからこそ、一緒に食事をする人に配慮することで至福のひと時を楽しむことができるのです。

そこで、まず気配りしたいのは席次です。これは和室や応接室でも同じように、一番奥の席が主賓の席になります。そこから時計回りに２番目、３番目…と席を決めると円卓が回しやすくなります。

宴会が始まると円卓に次々と料理が運ばれてきますが、最初に手をつけるのは主賓です。

そこから時計回りに回していくので、誰か１人が代表して全員の分を取り分けることはありません。自分の番が回ってきたら、立ち上がらずに座ったままで料理を取ります。

最初のひと口は、全員が取り終わってから一緒に食べ始めます。取り皿に取ったらすぐに食べ始めないように注意しましょう。

円卓は一方通行です。近くにあるからと逆回しにしないようにしましょう。また、ほかの人が料理に手を伸ばしていないかを確認してから回します。

取り皿は円卓の上に重ねておいて、新しい料理が出てくるたびに新しいものと取り換えます。そのほうが味が混ざらないからです。

ちなみに、日本人はどうしても皿を手に持って食べてしまいがちですが、中国料理では持ち上げません。料理を取り分ける際も、テーブルに置いたままにしておきます。

テーブルクロスを汚してしまいそうで心配になるかもしれませんが、中国料理ではテーブルクロスやナプキンは大いに汚してもOK。それが「おいしかった」という意思表示になるというのですから、まさに〝所変われば〟なのです。

食器から魚の骨まで、「食べ終わり」を美しくするコツ

食事中は音を立てて食べないようにしたり、箸使いに気を配る人は多いものですが、食べ終わったあとが散らかっていると台無しになってしまいます。

食べ残しがそのままになっていたり、お椀のふたを戻さなかったりしたら、どれだけ上品に食べることができたとしても残念な人という烙印を押されてしまいます。

たとえば、焼き魚は食べ終わると皿の上には骨や皮、食べかすが残って汚れがちです。焼き魚だけでなく、残ったものはすべて皿の隅に寄せ、懐紙があれば、最後にそれで覆い隠すと見栄えもよくなります。

ちなみに、魚を食べている時についやってしまいがちなのは、口の中に入ってしまった小骨を手で取ろうとすることです。自宅では気軽にやってしまいますが、口元を手で覆いながら箸を使って取り出す習慣をつけるといいでしょう。これは果物のタネなどを取り出す時も同じです。

お椀や丼、小鉢など蓋がついている料理は、食べる時は蓋を逆さまにしてテーブルの上に置き、食べ終わったらきちんと蓋をして元に戻します。

汁物のお椀の中にあさりやしじみなど貝類が入っていた場合、身を食べたあとの貝殻をお椀の蓋や空いた皿にのせる人がいますが、これもマナー違反です。食べ終わった貝殻は外には出さずに、お椀の中に入れたまま食べるようにしましょう。

ちなみに、ひと通り食べ終えたら、食器を重ねてテーブルの端に置いたりしていませんか。高級な店ではやってはいけないことだと知っていても、ファミリーレストランなどではよく見られる光景です。

高い安いではなく、どんな店でも食べ終えた食器はそのままでいいのです。蓋つきのものはすべて元通りに蓋をして、箸は元の位置に置くか、箸袋に入れます。もし口紅などがついてしまったら、そっと拭き取りましょう。

終わりよければすべてよし、というわけです。

おしぼりとナプキンについて知っておきたい意外なポイント

「おしぼり」と「ナプキン」は同じようなものと思っているかもしれませんが、じつはまったく違います。ここでおさらいをしておきましょう。

まず、おしぼりは、お手拭きといわれるように手を拭くためのものです。よく夏の暑い時期におしぼりで顔や首の周りを拭いている人を見かけますが、その気持ちはわからないではないものの、これはマナー違反になります。

また、ビールジョッキの滴でテーブルが濡れてしまった時などにおしぼりでテーブルを拭いてしまうのもNGです。あくまでも、手を拭くだけに止めましょう。

次にナプキンですが、席につくなりナプキンを膝の上に広げてしまうと「空腹だ!」「早く料理を出して!」とアピールしていることになります。オーダーが済んでから、または最初の料理や飲み物が運ばれてくる直前に広げます。

洋食の席でも、きれいなテーブルクロスにソースが垂れてしまった時についナプキンで拭こうとしてしまいがちですが、これもおしぼりと同様にＮＧです。ウエイターを呼んで拭いてもらうこともできますが、そもそもテーブルクロスはテーブルに汚れがつくのを防ぐためのものなので、汚れは放置して大丈夫なのです。また、ナプキンで口元を拭く時に下を向いて隠れるようにする人がいますが、見た目もよくありません。前を向いたままの姿勢で、二つ折りにしたナプキンの内側を使えば汚れた部分が隠れます。

ちなみに、ワインを飲む時にナプキンで口元を押さえておくと、料理の油や口紅でグラスを汚さずに済みます。ナプキンも汚れるために用意されているものなので、どんどん使うべきです。

食事中に席を立つ時は、椅子の上にナプキンを置きます。そして、食事が終了しても会話が続いていたらナプキンはそのままに。席を立つ段になってからテーブルの上に丸めて置けば「ナプキンをたたむのを忘れるくらい料理が美味しかった」という合図になります。

食事中、手をテーブルの下に隠すのは なぜマナー違反か

テーブルマナーの講習でナイフとフォークを使って食事をしている時、食事中なら「ハの字」、食事が終わったら揃えて置くと習った人は多いはずです。しかし、ナイフとフォークの向きまでは覚えていないのではないでしょうか。

洋食は欧米のマナーが基本になっているので、その文化が色濃く出ているものもあります。特に「相手に危害を与えない」という観点でのマナーは、日本人にはなじみのないことかもしれません。

食事中のナイフは、刃先を相手に向けてはいけません。つまり、相手に危害を与えませんという意味なのですが、和食では箸の先を相手に向けると失礼になるのと同じような意味合いです。

フォークは、食事中にハの字に置く際は表のまま、食事を終えてナイフと揃え

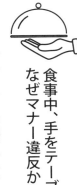

る時には裏返しにして置きます。

そして、もうひとつ相手に危害を与えないという意味のマナーがあります。それは、手をテーブルの下に隠さないことです。

食事をしている相手に〝武器を隠している〟と思われるので手を出して食べるという言い伝えもあるそうです。見えないテーブルの下で、こそこそと手を動かしていたら何かしているのでは、と勘違いされかねません。

利き手のみで食べている時も、反対の手はテーブルの上に。何も食べていない時も、両手はテーブルの上に置くのがマナーです。だからといって、テーブルの上で肘をつくのはタブーです。

楽しい食事の時間が、気づかないうちに相手を不愉快な気持ちにさせていたら残念なことです。わずらわしく感じるかもしれませんが、慣れてしまえば自然と身につくのもマナーです。

瓶ビールの注ぎ方ひとつでグンと大人っぽくなる

社会人になると、否応なく酒の席が増えます。最近は飲みニュケーションを嫌う若手社員が多いそうですが、新人なら上司や先輩にお酌をすることがコミュニケーションの一歩になるでしょう。

宴席ではまずビールで乾杯することが多いので、瓶ビールの持ち方に気をつけます。瓶ビールの飲み口に触ったり、注ぎ口をグラスに当てて「カチン！」と音をさせてはいけません。そして、注意したいのが瓶ビールの持ち方です。

瓶ビールのラベルが上にくるようにして右手で瓶を持ったら、左手を下に添えます。これは自分の左側にいる人や正面にいる人には自然とできるのですが、右側にいる人にお酌をする際に左手で瓶を持って右手を下に添えると激怒されかねません。

なぜなら「逆手の逆注ぎ」といって、これは刀を突きつける時と同じ持ち方なので「死」という意味を相手に与えてしまうのです。右側にいる人にお酌をする時は、身体全体を右に向けてお酌をすればいいのです。

そして乾杯の際は、上司のグラス位置が上にくるようにして自分のグラスは下から差し出します。もちろん、グラスは両手で持つのが基本です。

銚子で日本酒を注ぐ時は、銚子の真ん中くらいを持って片手で注ぎます。注ぎ口のない徳利の場合は正面（絵模様のある方）を上にします。

ワインもビールと同様に、ラベルを上にして注ぐようにします。海外では、ワインを注ぐのは男性の役割とされていますが、日本では上下関係などもあるので臨機応変に対応しましょう。瓶ビールでも銚子やワインでも、持つ時には右手が上と覚えておきましょう。

基本的に酒を飲めない人は、乾杯後の酒は当然断って問題はありません。ただ、「飲めないんです」と言うのではなく、「不調法なものですから、申し訳ございません」とひと言添えるといいでしょう。

「にらみ食い」「膳越し」…食事のマナーをめぐる大疑問

「にらみ食い」とはあまり聞かない言葉ですが、これはご飯や汁物を食べながら、お椀越しに別の料理を目で見る行為をさしています。

食欲旺盛な若い人が口に食べ物を入れながら、次は何を食べようかと物色している様子が目に浮かびますが、子供や学生なら何となく好ましく思える光景も、大人がやると食い意地が張っている印象になってしまいます。

ひと口ずつ、しっかり味わって食べることも社会人の食事マナーと考えて目の前の料理に集中しましょう。

食べ方のマナーはほかにもいくつかあります。

「犬食い」のタブーはよく知られていることですが、これは食器に口を近づけて食べてしまうことです。しかし、意外とやっている人を見かけます。

本人はその気がなくても、どうしてもがさつな印象を与えてしまいます。口を食べ物に近づけるのではなく、食べ物を口元へ運ぶようにするべきです。

「膳越し」は、お膳の向こうにあるものを箸で取って直接、口に入れることです。たとえば、みんなで食べる大皿料理から直接口に入れるようなものです。この場合は一度、取り皿に取ってから口に運ぶようにしましょう。

また、おかわりをしたご飯や汁物を受け取ってそのまま食べ始めることを「受け吸い」といいます。受け取ったら、一度テーブルに置いてから食べるようにしましょう。

ふだん1人で食べているからといってガツガツ食べていたりすると、いざ会食という時に周囲の人に合わせて食べるのが堅苦しくなってしまいます。そうなると、せっかくの料理の味もわからずじまいです。

どれもふだんの食事から気をつけていれば身につくものばかりです。一緒に食事する人を不快な気持ちや恥ずかしい気持ちにさせないのがマナーですから、ぜひ身につけてほしいものです。

2

「ビジネス」

仕事ができる人の〝ふるまい〟はどこが違うか

応接室に入る時は、結局何回ノックすればいいのか

会議室や応接室などに入る際は、まず軽く扉をノックして「どうぞ」の声を聞いてから「失礼します」と扉を開けるのがマナーです。

ところで、ノックをする時に何回叩けばいいのか、考えたことはあるでしょうか。日本人の多くは、無意識に〝コンコン〟と2回叩くことが多いようです。

しかし〝コンコン〟というと「入ってます」という返答を想像するように、じつは2回ノックするのはトイレにおけるマナーなのです。

一説によると欧米では正式な数があり、それは4回なのだといいます。会議室や重役室に入る時は、軽く〝コンコンコンコン〟。これがいわばフォーマルなノックの数ということなのでしょう。

しかし、実際に4回叩いてみると、慣れない日本人にとっては何となく数が多

い気がします。また、そういうつもりはなくても、どこかせっついているように
も感じるものです。
そのため、間を取ってというわけでもありませんが、日本のビジネスマナーと
しては3回に略してもいいということになっています。
あまり強すぎず、かといって音が小さすぎても聞こえないので、軽くリズミカ
ルに3回叩くようにするといいでしょう。
ちなみに、会議室の扉が開いてる時も部屋に入る前には叩くという人もいます。
ノックは「入ります」の合図なので、扉が開いていても叩くというのは理にかな
っているのかもしれません。
ただ、会議の途中で中座して戻ってきた時はノックをする必要はありません。
会議の最中に資料を取りにいくなど、部屋を出入りしている人がいれば、他のメ
ンバーはその人が戻ってくることはわかっているからです。
戻ってきた時には、じゃまにならないように静かに、できるだけ音を立てない
ようにして部屋に滑り込むようにしましょう。

訪問先で名刺を忘れたことを逆手にとるコツ

名刺はビジネスにおける大切な自己紹介のツールです。

そして、渡すのはもちろん初対面の相手。それだけに、名刺交換はちょっと緊張するシーンではないでしょうか。

にもかかわらず、いざカバンから名刺入れを出そうとしたら、ない！　名刺入れは持ってきたのに肝心の名刺が入ってない！　と慌てふためいたことはありませんか。

人間ですから、時にはそんな背筋が寒くなる経験もあるでしょう。

もちろん名刺を忘れないことはビジネスの基本ですが、万一忘れてしまってもきちんと対処すれば大丈夫です。

まず、相手の名刺をもらった直後に「すみません、ただいま名刺を切らしておりまして」と詫びます。

そして、「後日、名刺をお送りさせていただきます」と伝えましょう。相手から「わかりました」と言われれば、会社に戻りしだい、さっそく名刺を郵送します。

その際、きちんと自分のミスで名刺交換ができなかったことを詫びる手紙を添えます。封筒の底にポロッと名刺が入っているのはあまり見た目がよくないので、詫び状にクリップで名刺を挟んでから封筒に入れるようにします。

ところが、「次回にお会いする時で構いません」と言われることもあります。その際には、次に会った時にお詫びとともに名刺を渡しましょう。

注意すべき点は、間違っても「名刺を忘れてしまいました」とは言わないことです。

あちこち外回りをしたために切らせてしまったというのと、うっかり忘れてしまったというのでは相手に与える印象が異なります。

大事な名刺をうっかり忘れるような人と仕事をするのは不安です。本当はうっかりでも「忘れました」は禁句です。

電話をかけ直す時の スマートなやり取りの法則

最近は携帯電話も電波状況がよくなり、通話中に突然、電話が途切れるということも少なくなりましたが、とはいえ、いつどんな不具合で切れてしまうとも限りません。

仕事の相手と電話で話していてプツリと電話が途絶えた時に、「切れてしまった…」と呆然としていたり、相手がかけ直してくるのをじっと待っていたりしては社会人として失格です。

たとえ相手からかかってきた電話であっても、すぐにかけ直すのがマナーなのです。

特に新人の場合は、仕事の相手といえばほぼ自分よりも目上です。どんなケースでも立場が下の者がかけ直すのが基本だと覚えておきましょう。

そして、かけ直して相手が出たら「先ほどは、お電話が途切れてしまい申し訳ありませんでした」と自分からお詫びを入れます。

携帯電話を見れば電波を受信しているかどうかを確認することができるので、途切れたのは相手の電話が原因だろうなどと予測することはできます。しかし、だからといって相手を責めてはいけません。

たとえば、相手が先に謝ってきたとしても「こちらこそ、申し訳ございません」と詫びるくらいの謙虚さを持つことが大切です。

〝自分には非がない〟という態度を取ると、人間関係は円満にはいかないものなのです。

もちろん、自分の携帯電話の電波状況をチェックすることも忘れてはいけません。街のど真ん中にいるのだからつながって当たり前だと思っていたら、地下などでは意外と電波が届いていなかったりすることもあります。

電波が弱い場所にいるのであれば、慌てて電話をかけ直す前に、速やかに電波が届く場所に移動するのはいうまでもありません。

いざという時に必ず役立つ日本茶の淹れ方

自宅でもペットボトルのお茶を飲んでいる人が多い昨今、急須でおいしいお茶を淹れることができる人はかなり希少な存在かもしれません。

しかし、わざわざ足を運んでもらった来客にお茶を出すのは大事な仕事のひとつです。ひと昔前なら、事務員や秘書の女性の仕事とされていましたが、今は男女を問わず誰でもするという会社が増えています。

ちょっとした打ち合わせなら、紙コップにコーヒーメーカーで淹れたコーヒーを出したりすることもありますが、重要な会議などではきちんと急須で淹れた日本茶を出します。

日本茶の淹れ方は、ちょっとしたコツさえ知っていれば難しくはありません。

まず、人数分の湯呑を用意して熱湯を注ぎ、少し温度が下がったら人数分の茶葉（1人／ティースプーンに2杯）を入れた急須に湯を移します。

そして急須に蓋をして1分ほど待ったら、濃さが均等になるようにしながら湯呑の7分目までお茶を注ぎます。こうすれば、誰にでもおいしく淹れることができます。

お茶が入ったら、湯呑と人数分の茶托、ふきんをお盆にのせて会議室に運ぶのですが、お茶を差し出す時に注意すべき点があります。

それは、ウエイターのようにお盆を片手に持ったまま、お茶を差し出さないようにすることです。

会議のじゃまにならないテーブルの隅やサイドテーブルにお盆を置き、茶托に湯呑をのせてひとつずつ席まで運びます。

順番は、もちろん来客が先で身内は後です。座っている人の右後ろから「失礼いたします」と声を掛けて差し出すようにしましょう。そして、全員に配り終わったら、扉の前で「失礼いたしました」と一礼して部屋を出ます。

お茶出しは黒子に徹するのが基本です。

来客の見送りをマニュアル通りにしてはいけない

わざわざ自分を訪ねて会社まで足を運んできてくれた客には帰り際まで丁寧に接したいものです。いくら話が済んだからといって、「では、これで」とその場で別れるのはそっけないばかりか、相手に失礼です。

特に相手が年長者や目上の人であれば、せめてエレベーターホールまでは見送りたいものです。

その場合、一緒に部屋を出てわざわざ足を運んでもらったお礼を言いつつエレベーターホールまで案内し、ボタンを押してエレベーターが来るのを待ちます。

そして、相手がエレベーターに乗り込んだら、もう一度お礼を言って相手の目を見てお辞儀をします。

扉が閉まるまでしっかりとお辞儀をすると、より丁寧な印象を与えます。このような態度一つひとつで、来客を敬う気持ちを表すことができるのです。

もしくは、エレベーターで1階まで一緒に降りて見送るというのもアリです。ビルの玄関でお礼の言葉を述べて、相手の背中が見えなくなるまで見送ります。

このように会社で来客を見送るマナーは、自宅に来た客が帰る時と基本的には同じです。

しかし、なかにはあまりにも丁寧にされるのが苦手という人もいて、「ここでけっこうですから」と見送りを断る人もいます。

その場合は、無理強いせずに「では、ここで失礼いたします」と言って相手が部屋を出て行くのを見守るようにしましょう。

あまりにもマニュアル通りの対応をされると、かえって居心地が悪くなることもあるのです。来客への対応は臨機応変に、そして失礼のないようにと肝に銘じておきましょう。

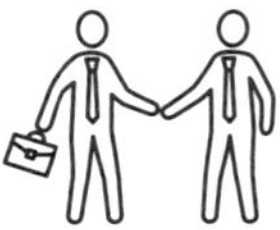

休暇をとった後には欠かせない3つのフォロー

自分1人くらい休んでも会社なんてちっとも困らないなどとうそぶく人もいますが、やはり急に休まれるとほかの社員が仕事の穴埋めに入ったり、フォローに当たらなくてはなりません。

とはいえ、体調不良や身内の不幸などで突然休まなくてはならないのはしかたがありません。

だからこそ、休みを取った翌日には、上司や同僚、後輩に対してもきちんと対応することが大切です。

休みが終わって出勤したら、朝一番にまず上司に対して「急なお休みをいただきまして、ありがとうございました」とひと言お礼を言いましょう。

それに加えて「おかげで体調がかなりよくなりました」とか「家族といろいろ

と話す時間が持てました」というように報告を添えます。

さらに、「休んでいる間に、何か問題などありませんでしたか？」と状況を確認すると、その日の仕事をスムーズにスタートさせることができます。

この「お礼」「報告」「確認」の3点は、休日明けの朝のマストと心得ておきましょう。

また、「お礼」と「確認」は同僚や部下、後輩に対しても忘れないようにしたいものです。「昨日はすまなかった。フォローしてくれてありがとう」とか「何か変わったことはあったかな？」と心配りすることはいい効果を生みます。

誰かが急に休んでもみんなでフォローしようという空気が部内にも育まれるので、ギスギスした雰囲気が和らぐのです。

せっかく有給休暇が与えられているのに、何となく取りづらい空気がある会社もあります。

そういう職場こそ、社員同士で〝お互いさま〟という雰囲気をつくることが重要になってくるのです。

目上？　社内？　取引先？
使い分けたい人の呼び方

日本の大企業などで一時期〝さんづけ運動〟というのが流行りました。社内を風通しのいい雰囲気にしようというのがその意図だったそうですが、その結果、課長や部長からその肩書にふさわしい責任感が薄れてしまったそうです。

そんな教訓からか多くの企業では、上司には名前に肩書をつけて「○○マネージャー」とか「○○課長」、「○○部長」というように呼ぶのが一般的です。

しかし、なかには「○○部長」というと、何となく呼び捨てにしているようで抵抗を感じてしまうため、「○○部長さん」と「さん」づけする人もいますがそれは間違いです。

なぜなら、肩書には敬称の意味も含まれているので、さらに「さん」をつけると二重敬称になってしまうからです。だから、取り立てて「さん」をつけなくても失礼になりません。

ただし、この呼び方は社内だけで使えるもので、対外的には呼び方が変わります。社外では名前に敬称をつけずに「部長の○○」と呼びます。

会社の外では、上司は〝身内〟になります。だから「うちの○○部長が」というように言うと、他人に「うちのお父さんが」と言っているのと同じになるのです。

では、取引先の部長はなんと呼べばいいでしょうか。名前に役職名をつけた「○○部長」で大丈夫ですが、迷うのは電話で取り次いでもらう時や手紙の宛名を書く時です。

ある程度の面識があれば、「○○部長はいらっしゃいますか？」と言っても違和感はないのですが、まだ会ったことのない相手だと何となく馴れ馴れしい感じがしないでもありません。

そういう場合は「部長の○○様はいらっしゃいますか？」がいいでしょう。手紙の宛名も「△△株式会社　第一営業部長　○○様」と書くのが正解です。

気がつかないままに恥をかいている「手土産」のタブー

友人の家に遊びに行くことになったら手土産を用意するのと同じように、出張先で取引先などを訪問する場合にも手土産を持って行き、あいさつが済んだら「みなさんでどうぞ」と手渡しします。

しかし、ここで迷うのがどんなものを持っていけばいいかということです。ネットで調べてみるとさまざまな話題の品やおすすめ品が出てきますが、なかには取引先への手土産としてはちょっと…というものもあります。

たとえば、ホールケーキや、カットされていないロールケーキなどは手土産には向きません。

このような生菓子は日持ちがしないうえに、食べる時に包丁で切ったり、取り皿を出したりしなくてはならず、後片づけにも時間を取られます。

忙しい仕事の合間に〝ちょっとひと息〟というには、食べるのに手間がかかってしまうのです。同じ理由から、カットされていない長いままの羊羹なども避けたほうがいいでしょう。

そうなるとやはり、個別包装になった焼き菓子が無難です。クッキーやせんべい、ラスク、マカロンなどもいいかもしれません。

ところで、手土産にはひとつだけやってはいけないタブーがあります。それは、訪問先の近くで購入することです。

手土産は〝あいさつ代わり〟や〝お詫びのしるし〟でもあります。それなのに、訪問先のすぐそばの店で買ったものだと、準備するのを忘れて場当たり的に調達したのだろうと思われてしまいます。

そんなつもりはなくても、それを受け取った相手は自分は軽く見られたものだと思うでしょう。これでは、どんなに丁寧にあいさつをしたり、心を込めてお詫びをしても台無しになってしまいます。

たかが手土産と思わずに、心を込めて準備したいものです。

どこに立つか知っていますか？
エレベーターのマナー

会議室や宴会の席に「上座」「下座」という席次があるように、エレベーターにも席次があります。

この席次という言葉は、「座席の順番」という意味のほかに「地位の順位」という意味にも使われます。つまり、席の順番は地位の順番にもリンクしているのです。だから来客や上司は上座、新人や若手は下座が定位置なのだと覚えておくといいでしょう。

ところで、エレベーターに席はありませんが〝立ち位置〟はあります。応接室や会議室では扉から遠い奥の席が上座になっているように、エレベーターでも目上の人には扉から離れた奥に入ってもらうようにします。

新人や若手の基本的な定位置は、扉の横の操作パネルの前です。エレベーターが来たらサッと乗り込んで「開」のボタンを押して「どうぞ」と客や上司をうながします。

ただし、これはエレベーターの中が空っぽの時の場合です。すでに中に人が乗っていて操作パネルの前が開いていなかったら、エレベーターホールの上下ボタンのいずれかを押して扉が閉まらないようにして、「どうぞ」と先に入ってもらいます。

自社ビルのエレベーターの場合は、自分の先輩や上司が操作パネルの前に立っていることもあります。その場合は、「私が…」とさりげなく位置を入れ替わるようにしましょう。

降りる時は目上の人が先なので、「開」のボタンを押して待ちますが、混み合っている場合は自分が先に出て扉が閉まらないようにエレベーターホールのボタンを押します。

細かく説明するとエレベーターひとつ乗るのも大変なような気がしますが、要は目上の人が乗り降りしやすいように動けばいいということです。

名刺交換は、「訪問した側、目下が先」が大原則

はじめて訪れた会社で受付を済ませ、担当者が来るのを待っている時、いつも何をしているでしょうか。

ボーッと相手が出てくるのを待っていたり、キョロキョロと社内を見回したりするのではなく、次の行動のための準備をしておきましょう。

次の行動のための準備とは、名刺を用意しておくことです。名刺入れからサッと取り出せるように重なった名刺から一番上の1枚をずらしておきます。

名刺交換は訪問した側が先に手渡すのが基本なので、相手が出す前に先を越されないように準備を整えておくのです。

また、自分が訪問される側であっても、来客が目上の場合は自分から先に差し出すようにします。名刺交換は、「訪問した側、もしくは目下が先」と覚えておきましょう。

しかし、相手が用意周到な場合もあります。中堅どころとなるとふだん社内で仕事をしている人でもさすがに手慣れたもので、少しもたついているうちに先を越されることも珍しくありません。

そんな時には、相手の名刺を受け取ったうえで、「申し遅れました」「ごあいさつが遅れて申し訳ありません」と言い添えながら自分の名刺を渡します。

よく、同時に名刺を交換する場面なども見られますが、相手の名刺は両手で受け取るのがマナーです。

相手が差し出したのを見て早く出さなくては…と慌てるよりも、相手の名刺をきちんと両手で受け取ってからのほうがスマートに見えます。

ここで慌てると名刺が手元から滑り落ちてしまったりして、見苦しいところを見せることになってしまいかねません。

もし名刺を落としてしまったら、拾ってそのまま渡したりしないように。拾って「失礼いたしました」と謝り、必ず名刺入れから新しい名刺を出しましょう。

会議中スマホの着信音が鳴った時のカシコい切り抜け方

最近はスマートフォンも携帯電話も、常にマナーモードにしている人が増えています。マナーモードなら着信があればバイブで知らせてくれるので、公衆の面前でバッグや服のポケットの中から甲高い音を響かせて恥かしい思いをすることもありません。

ところが、どこで誤って操作してしまったのかマナーモードが解除されていて、突然音が鳴り出すことがあります。

しかも、それがよりによって重役らがずらりと顔をそろえる会議中だったりすることも…。

会議中は電源を切っておくことが基本です。切り忘れてかかってきた場合も電話には出ないことがマナーです。

もし着信音が鳴ってしまったら、とにもかくにも音を消すことが先決です。急いで通話終了ボタンを押して「失礼しました」と謝罪しましょう。

そして、誰からかかってきたのか着信履歴を確認し、急ぎの重要な連絡だと思われる場合だけ中座することを断って会議室から出てかけ直します。

会議の最中に現在進行中の重要な仕事の電話がかかってきそうなこともままあります。前もってそれがわかっているのなら、「会議中に○○社から○○の件で連絡が入るかもしれません。その場合は中座しますがよろしいでしょうか」と最初に断っておくといいでしょう。

その場合もマナーモードやサイレントモードになっていることを確認して、会議のじゃまにならないようにしておきます。

また、重苦しい雰囲気の会議では、マナーモードのバイブ音さえ大きく響き渡り、出席者をイライラさせてしまいます。

冷や汗をかくような事態に陥りたくなかったら、会議が始まる前に電源が切れているかどうかしっかりと確認することを忘れずに。

電車遅延で今日は遅れそう…そんな時どうする？

時刻通りに発着することで世界から称賛されている日本の鉄道ですが、ダイヤの本数が多い都市部では、事故や天候の影響で電車が遅れることは珍しいことではありません。

出勤しようと駅に行ったのに電車が来ない、乗っている電車が止まってしまって遅刻しそう…。そんな時は、速やかに会社に連絡をしましょう。まだ誰も出社していない時間なら、とりあえず会社か上司にメールを送って状況について説明しておきます。

そして、就業時間になったら改めて会社に電話をかけて足止めされていることを伝えるといいでしょう。満員電車の中で電話では話せない状況であれば、もう一度メールしておきます。

伝えるのは自分が今置かれている状況と、出社できそうな見込みの時間です。どれくらいに出社できるかがわかれば、会社に取引先から連絡が入った場合などに「○時くらいに出社する予定です」と伝えてもらえます。

また、急ぎで対応しなければならない仕事があればフォローも頼んでおきましょう。

ネットを見れば遅延情報を確認することはできるので、自分が遅刻をすれば利用している路線でトラブルが起きていることはわかるだろうなどと勝手に判断して連絡をしないのはよくありません。

また、取引先に向かう途中で交通トラブルに巻き込まれ、アポの時間に間に合わないということもあります。

その場合も、すぐに取引先に電話をかけて事情を説明します。もちろん、到着できる見込みの時間も伝えます。

もし、相手の予定が詰まっていたら、日を改めてうかがうという選択肢もあります。素早く対処することで相手の時間を奪わずにすみます。

気持ちよく定時で帰る〝気遣い上手〟のふるまい方

仕事が終わったから定時で帰るというのは、別に悪いことでも何でもありません。政府が推進している働き方改革でも長時間労働の是正をうたっているのですから堂々と帰ればいいのです。

しかし、実際にはまだみんなが仕事をしているから帰りづらいと、仕事をしているフリをして社内の様子をうかがったりしている人が多いようです。

まだ働いている人がいるのに自分だけサッサと退社すると、勝手なヤツだと思われるのではないだろうかなどと悩んだりもしてしまいます。

日本人はとかく〝右へならえ〟をしておけば安心だと感じるので、こんな悩みを抱えてしまうのです。もしかするとそれはみんなが抱えている悩みなのかもしれません。

だったら、誰かが進んで定時に帰ることで、それを〝右へならえ〟の右にしてしまえばいいのです。

そこで定時に帰る時には、元気に「お先に失礼します！」と会社を後にしましょう。そして、定時に帰る人がいれば「お疲れさまでした！」と気持ちよく送り出してあげるのです。

このような「お互いさま」という気遣いを見せることで、社内の雰囲気はガラリと変わり、先に帰ることへの抵抗感も薄れてきます。

定時に帰るのは「ズルい」のではなく、「当たり前」だというように認識を変えることができれば成功です。

逆に最もよくないのは、定時で退社することに罪悪感を持ちながらコソコソと帰るような空気にしてしまうことです。

「心が変われば行動が変わる、行動が変われば習慣が変わる」という名言がありますが、いろいろな規則をつくるより意識を変えることで状況も変えることができるのです。

上司とタクシーで移動する時の〝できる部下〟のふるまい方

出張で初めて訪れる土地に行った時や、急いで取引先に行きたいのに電車が遅れている時などに便利なのがタクシーです。

上司と移動している際に、「じゃあ、タクシーで行こうか」となったら部下はどのような行動をとればいいでしょうか。

まず座る場所ですが、タクシーの場合は後部座席の右、つまり運転席の真後ろが部屋でいうところの「上座」になります。万一、事故などに遭った場合に車内で最も安全な場所だからです。

なので、上司には後部座席の奥に入ってもらい、部下はその隣か助手席に座るようにします。

また、2人の上司と一緒の場合は、上司2人が後部座席で自分は助手席に座るのが基本です。

どこに座ったとしても運転手に行先を告げたり、清算をして領収証をもらったりするのは部下の役目です。清算を済ませたらタクシーの車内をざっと見渡して、忘れ物がないかチェックすれば完璧です。

と、ここまではタクシーに乗る時の基本的な注意点ですが、座席に関しては臨機応変に対応してもかまいません。

人によっては服がシワになりそうだから奥の後部座席よりも手前がいいとか、窮屈な後部座席よりも助手席に座りたいということもあります。

目的地まで時間がかかりそうな場合は、「どちらのお席がよろしいですか?」と聞いてみるのもいいでしょう。

また、上司と一緒に狭い空間にいるのが気詰まりだからといって、スマホの画面ばかりを見ているのはNGです。

こういう場面で困らないように、ふだんから新聞記事を読んで雑談のネタになる話をストックしておくと安心です。

酒席で失態を犯してしまったら、翌日絶対にすべきこと

上司と一緒に酒を飲んだ翌朝、二日酔の頭痛と不快感で目覚めたら昨日の記憶がほとんどない。どうやって家まで帰ってきたのかさえわからない…。

そんな空恐ろしい朝を迎えてしまったら、会社に行くのが億劫になってしまうものです。

「いっそのこと今日は休んでしまえ」という悪魔のささやきが頭の中をよぎったりもして、心が折れそうになってしまうものですが、どんなに気が進まなくても翌日は休まず出社することです。

行きづらい気持ちはわかりますが、ここで会社を休んでしまうと上司に絡んでとんでもないことを言ってしまったのではないか、何か変なことをしてしまったのではないかと1日中、不安を抱えることになります。

そういう最悪の状況から早く立ち直るためにも、まずは身だしなみをさっぱりと整えて気分を変え、早めに出社しましょう。

そして、会社に着いたら真っ先に上司に謝りに行きます。

「酒の席とはいえ、昨日は大変失礼いたしました！」と深く頭を下げて潔く謝ります。そうすれば、たいていの場合は苦笑しながらでも許してくれるものです。

社会人なら誰でも一度や二度は同じような失敗を経験しているものだからです。

また、泥酔してしまった飲み会というのは、一緒に飲んでいた人も同じようにできあがっていることがほとんどです。

そんな時に限って、勇気を出して謝ったのに、「こっちもあんまり記憶がなくて…」と拍子抜けするようなことを言われることもあります。うじうじと悩むのであれば、いっそのこと平身低頭して謝ったほうがいいのです。

とはいえ、仏の顔も三度までです。酒の席では羽目を外し過ぎず、節度を守って楽しく飲むことを忘れてはいけません。

電話の声が聞き取れない時は「声が遠いようです」でOK?

かかってきた電話に出たら、相手の声が小さくて聞き取りづらいということがあります。

そんな時、もう少し大きな声で話してほしいことを伝える決まり文句といえば「少々お電話が遠いようです」です。

ところが、時々「少々お声が遠いようです」と言ってしまう人がいます。たしかに聞き取りづらいのだから、「声が遠い」でも意味は伝わります。

ただ、それでは相手を責めているようなニュアンスになってしまいます。そこで、「お電話が遠い」と曖昧に伝えるのがマナーとされているのです。

ちなみに、英語でも「I think we have bad connection.（電波状況が悪いようです）」と表現します。

ところで、時には電波状況が悪いために相手の声が途切れて聞き取れないということもあります。こういう場合、きっとこちらの声も聞き取れないはずだと判断して、何も言わずに電話を切ったりしていないでしょうか。

電波状況が悪くても、お互いの声が同じように相手に届いているわけではありません。一方には雑音だらけでも、もう一方にははっきりと聞こえていることもあるのです。

聞こえにくいからといって「もしもし、もしもーし、なんだこれ？」などと受話器に向かって叫んでいると、すべて筒抜けになってしまいます。

そのうえ、何も言わずに「ブチッ」と電話を切られてしまった日には、何となく相手の本性を見てしまったような、嫌な思いをしてしまうものです。

そんな聞こえづらい電話をいったん切りたい場合も、「申し訳ございません。少々お電話が遠いようなので、いったん切らせていただきます」と断ってから受話器を置きます。

仕事の電話は常に緊張感を持って対応するようにしましょう。

自分の会社の呼び方は「弊社」？「当社」？「わが社」？

自分が勤めている会社のことを指す言葉に、「弊社」「当社」「わが社」などがありますが、これらをどれも同じ意味だと思って適当に使っていると、社会人としてはいかがなものかと思われてしまいます。

この3つの中にはひとつだけ使われるシチュエーションが明らかに違うものがあります。それは「弊社」です。

「当社」や「わが社」は、社内のいわば〝身内〟に対して使われる言葉ですが、「弊社」は社外の人や取引先に対して自社のことを言う時に使います。

「弊社の移転先はこちらです」とか「弊社のアンケートにご協力ください」というように客などに対してへりくだった表現が「弊社」になるのです。

そのため、へりくだる必要がない社内で使うとおかしくなってしまいます。社内で使われるのは「当社」や「わが社」です。

ただし、どちらを使ってもいいというわけではありません。「当社」は対等な相手に対して使われる言葉なので、社内で誰が使っても問題はありませんが「わが社」はちょっと目線が上になります。

こちらは、社長など社内においてある程度の地位にある人が使う言葉なのです。プライドがこもった言葉でもあるので「当社」にはない重みがあります。

このように「弊社」は社外、「当社」は社内、「わが社」は社長と線引きして覚えておけば大きな失敗をすることはないでしょう。

ところが、それで完璧なのかといえばそうでもなく、場合によっては社外に対して「当社」を使うこともあります。それは上下関係がないフラットな場合です。たとえば、会社案内は社外の人の目に触れるものですが、だからといってへりくだる必要はありません。だから「当社」なのです。

ふだんから、社内外からのメールなどを注意して読むようにすればすぐ感覚がつかめるようになります。

ビミョ〜な関係の相手から「友達申請」が来てしまった時の対処法

プライベートで仲良くなった人とはSNSでつながるというのは当たり前という人でも、仕事関係の人から友達申請がくるのはちょっと…という人は少なくありません。

上司だったら、「一応、やってはいますけど、つまらないネタばかりなので…」とやんわりと断ったりもできますが、それが取引先の担当者だったりするとどうすればいいでしょうか。

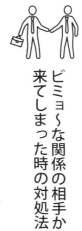

基本的に、取引先の人とは仕事とプライベートを切り離してつき合ったほうがいいでしょう。

特に互いに信頼関係を築いてきた相手とは、仕事以外のことで関係がこじれてしまったりすると、これまで培ってきたものまで一気に失ってしまうことになりかねないからです。

積極的に仕事にＳＮＳを活用している人にとっては、人脈づくりのアイテムかもしれませんが、そうでない人にとってＳＮＳはプライベートな空間です。

今後も仕事のパートナーとして一緒にやっていきたい人には、そのことを説明して誠実な態度で断りましょう。

その際には、ビジネスツールとして使っていないことや、「ごく内輪だけに公開しているから」などと言えば納得してもらいやすいはずです。

ところで、ＳＮＳによってはアプリを開いている間に勝手に友達リクエストが送られてしまうこともあります。もしかすると相手がそのことを知らず、自動的に送られてきたものということもあるのです。

その可能性を考えて、一度目はわざとリアクションを起こさないという手もあります。

その後、本人から「友達申請したんですが」と言われたら、頻繁に使っていないから気づかなかったなどと謝ったうえで丁重に断りましょう。

こういう時、パソコンのロックを忘れてはいけない

人に呼ばれた時や個人的な電話をかける時、あるいはちょっと飲み物を取りに行く時など席を離れることはよくあります。その時、パソコンの画面をロックしているでしょうか。

あまりにも身近なものなので、ほかの文房具と同じような感覚でとらえている人もいますが、そういう人に限って作業が途中のままのパソコンの画面を開きっぱなしにして平気で席を離れがちです。

しかし離席する時は、必ずパソコンの画面はロックしてください。これは、ぜひ体に覚え込ませたい習慣です。

パソコンには重要な情報がぎっしり詰まっています。まだ公けにはされていない仕事の内容や書き上げる前の書類や資料、さらには自分やほかの人の個人情報など、不用意に他人に見られてはならないものが大量に収められているのです。まさに情報の宝庫です。

同じ社内の人はもちろん、社外の人が通りかかってのぞき見ることもあります。パソコンの画面を開きっぱなしにしているのは、まさに「金目のものを盗んでください」と言っているようなものです。だから、画面は絶対に他人に見られてはならないのです。

機種によっていろいろですが、最近はスマホからの操作で簡単にロックできるものも出ています。

情報に対する機密保持の意識を持つこともビジネスの重要なポイントです。ぜひ実践してください。

さりげなく「コスト意識の高さ」をアピールする方法

就活はまさに売り手市場そのものになっていますが、近年特に企業が求めているのがコスト意識の高い人材です。

モノがなかなか売れない時代は今に始まったことではありませんが、単に売り上げを伸ばすだけでなく、社内でのコスト削減にも目を向け、大きな視野でコストパフォーマンスを考えることが強く求められているのです。

といっても、何も大きな予算の話ではありません。日常的な仕事の中でもコストカットは可能です。むしろ、そういう目線こそが重要なのです。

たとえばオフィス用品です。最近はペーパーレスが増えていますが、コピーやファクスでも裏紙を使うようにします。また、ボールペン1本、ホチキスの芯を節約することでもコスト削減は可能なのです。

時間の使い方にもその意識は表れます。たとえばＴｏＤｏリストを作って無駄なく行動する、１回の外出で複数の打ち合わせを済ませるといったことで時間の無駄を省くことができます。

一度席を立って上司の席で打ち合わせをし、その足でコピーをとり、コーヒーを持ってくる、という動線で行動すれば、それは立派な〝コスト削減〟です。

そのために、机の周りやオフィスの中のものの配置を考えて、無駄なく動けるように工夫することも重要になります。

身の周りにあらためて視線を向けて、時間や行動の無駄がないかを確認してみます。こうしたことに地道に取り組むことができる人が、コスト意識の高い人材ということになります。

さらに、こういう人は常に大きな視野で仕事をとらえながらも同時に小さいことにも気配りができます。

自然と周りとのチームワークもとれるし、企業にとってはなくてはならない人材へと成長していくのです。

予定通りに仕事が終わらない人が見えていない大切なこと

自分で立てたスケジュールなのに予定通りに終わらず、残業したり、翌日に仕事を持ち越す人がいます。いったい、何がいけなかったのでしょうか。

朝からＴｏＤｏリストを作り、綿密に時間配分をしたのにそれがうまくいかない場合、いくつかの理由が考えられます。

まず、優先順位をつけていないことが挙げられます。

仕事はその日、最も重要なものから順番に片づけていくのが基本です。そうでなければ、ひとつの仕事をやっている時にほかの仕事が気になり、集中できなくなって能率が悪くなります。また、ひとつの仕事が終わらないうちにほかの仕事に手を出して混乱することもあります。

それを避けるためには、優先順位を決めて取り組むのが鉄則です。優先順位が下位の仕事であれば、思いきって翌日に回すのもひとつの手です。

また、本当に集中して仕事をしているかどうかという問題もあります。今日中にどうしても終わらせなければならないからといって、何時間でもぶっ通しで取り組んでいると、どんな人でも疲れてきて能率が落ちます。

人間がひとつのことに集中できる時間は、約90分といわれます。だから、たとえば「90分やって10分休む」といったペース配分が重要なのです。頭をフル回転させるためにぜひ実行してください。

さらに、午前中のうちに大きくて重要な仕事をこなすことも大切です。

人間が最も効率的に活動できるのは、午前中、特に朝です。その時間帯にその日のメインイベントを終わらせておけば、あとは余裕を持って過ごせます。

予定通りに仕事が終わらない人は、これらのことを改めて見直してみてください。ただやみくもに「やるべきことをやる」ではダメです。

綿密なプランニングと理想的なペース配分のふたつがうまく力を発揮し合った時に満足できる1日が実現するのです。

図々しい印象を与えずに、さりげなくモノを頼む方法

どんな仕事も1人でテキパキこなせるスーパーマンなどいません。時と場合によっては、ほかの人に仕事を頼む必要性も出てきます。

本当にデキる人は、この頼み方がうまい、いわゆる「頼み上手」です。ほかの人でもできる仕事はどんどん頼んで全体の能率を上げるのです。

そこで、頼み上手な人になるためのポイントを紹介します。まず、相手の立場や都合を尊重することです。

「今、手は空いてるかな。この書類、5時までに先方に送ることになってるんだけど、お願いできないかな」と、相手の都合も確かめたうえで、きちんと期限も提示し、そして誠意をもってお願いするのです。これなら相手も気持ちよく引き受けることができます。

「こういう仕事は、ぼくよりもきみのほうが早くできるから」と、能力を認める言葉を使うのもいいでしょう。

逆に、もしも相手が「この仕事について、あまり詳しくなくて…」とためらったら「大丈夫、ぼくも手伝うよ」とか、「時々ぼくが内容をチェックするから、安心して進めてくれて大丈夫だよ」とフォローします。

もちろん、ほかの人に仕事を頼まれた時も、できるだけ気持ちよく引き受けて、ふだんから友好的な協力体制や信頼関係をつくっておくことも重要です。

どんなに優秀な人間でも、1人でできることは限られています。また、ひとつの仕事でも、得意な人、不得意な人がいます。

もしも「この仕事は、自分よりも彼のほうが上手いし、早くできるはず」と思ったら、積極的に頼むことはけっして恥ずかしいことではありません。

1人の人間に与えられた時間は限られていますが、ほかの人と協力することによって同じ時間が2倍3倍と価値のあるものになるのです。

そのためにもぜひ、「頼み上手」でありたいものです。

人としての真価が問われる「ミス」への対応力とは？

仕事にミスはつきものです。

しかし、ミスをした時にどんな対応をとるかは人それぞれです。ミスをした後の行動でその人の真価が問われるからです。

まず、謝罪をすることが重要です。自分のミスを素直に認めて、迷惑をかけた人に対して誠実に謝罪をすることは人間としての基本です。

その上で次に大切なのは、その時の状況にどう対応するかです。

ここでくよくよと言い訳をしたり、原因を考えたりするのは避けたいものです。済んだことはもうしかたがありません。

何よりも重要なのは、そのミスをいかにしてカバーし、損害を最小限に食い止めて「次」に進んでいくかということです。

そこにこそ人間性が現れるし、周りの人はそこを見て次もこの人（会社）に頼むかどうかを決めるのです。

多くのミスは、なるべく早く手を打つことで被害を最小限に抑えることができます。そして、最良の善後策を考えるのです。

たとえば、商品の発注ミスであれば、訂正はまだ間に合うか、あるいは途中で送り返すことはできるか、できなければいったん納品して、その後何らかの形で活用できるか、などの対応が考えられます。

いずれにしても、素早い連絡と状況判断が求められます。なぜミスが起こったのか、誰の責任なのか、といったことを考えている余裕はありません。

そして、すべての対応が終わったあとで、ようやくミスをした原因と、どうすれば同じミスが起こらないかを考え、迷惑をかけた取引先や上司に報告をします。その時、あらためて謝罪するのも忘れないようにしてください。

大切なことは、自分の非を認め、最善の対応をしたうえで同じ過ちを繰り返さないようにすることです。

ごちそうしてもらった時のワンランク上の感謝の伝え方

社会人になると、今まで行ったこともないような店で先輩や上司にごちそうをしてもらう機会があります。

仕事の話以外にも趣味の話を聞くなど、今まで知らなかった一面が垣間見えたりするので、コミュニケーションを深めるチャンスですから積極的に参加したいものです。

そこで会計になった時に注意したいのは、上司にごちそうになる場合でも「自分の分は支払う」という姿勢をしっかり見せることです。

結果的にごちそうになったとしても、店を出た時には「ありがとうございます」「ごちそうさまでした」としっかりお礼を伝えます。

ところが、2、3人の少人数なら店の外で1人ずつ上司に向かってお礼を伝えられるのに、それ以上の人数になると、なかにはほかの社員が言ってくれたからいいだろうとのんきにかまえる人が現れます。

1対1ならごちそうしてもらった感謝の気持ちは強いのに、これが1対10になると大勢の中の1人という感覚になってしまうのかもしれません。

しかし1人であろうと何人であろうと、ごちそうになってお礼を伝えなくていいということはあり得ません。人数が多いと気が緩んでしまうかもしれませんが、社会人として礼を欠くことがないようにしたいものです。

ちなみに、お礼は1回だけでなく、翌日出勤した際にもう一度「昨日はごちそうさまでした。またご一緒させてください」などとつけ加えましょう。

また翌日に会えない時にはメールでお礼を伝えます。「ふだんはなかなか伺うことのできないお話をいただき、とても勉強になりました」とか「今度は自分にごちそうさせてください」などと伝えれば上司にとってはうれしいものです。

あるいは、どこか出かけた際のお土産を「ご家族でどうぞ。いつもお世話になっているお礼です」と渡すのもいいでしょう。

できる若手が、目上との食事中、絶対に忘れてはいけないこと

仕事で評価されれば、給与や賞与に反映されるのでがんばってやろうという気持ちになるのはわかります。しかし、評価されている人は仕事以外でも、同僚や上司からの信頼も厚く、外部の人からの評価も高かったりします。

そうした人が気を抜かないのが、食事の場面です。

仕事帰りに部署の歓送迎会やイベントなど会社の人たちと飲食をする機会は意外に多いものです。酒が入ることもあり気が緩みがちになりますが、その際の気遣いや行動が上司に見られていることを自覚していますか。

まず、誘いを受ける際も「はい、行きます」より「ご一緒（お相伴）させていただきます」と丁寧に返答し、さらに「喜んで」や「お言葉に甘えて」をつけ加えると好印象を与えられます。

食事が始まったら、グラスの中身が3分の1くらいになった頃に「お注ぎします」とお酌をしたり「何かほかの物を飲まれますか？」とたずねるといいでしょう。また、追加の注文をとるために率先して店員を呼んだり、全員に料理が行きわたっているかなど、その場の雰囲気を壊さないように気遣うことも必要です。

できればリラックスして食事を楽しみたいと思うかもしれませんが、同伴者が会社の人間であれば、仕事の延長戦だと考えるべきです。同年代だけで盛り上がっているようでは、社内での協調性が疑われてしまいます。

また上司に「もっと気楽に飲んで！」と促されても、けっして真に受けないことです。

特に酒に強いからといい気になって飲んでしまうと後悔先に立たずとなります。宴席に無礼講はありません。

そのほかにも上司より先に箸はつけない、乾杯をする際はグラスの位置を少し下げる、ダークな話題は避けるなど会話のマナーに気をつける、食べ過ぎないなど、こうしたことが身につくと、上司からの信頼を得ることに通じます。

後々の仕事につながる「接待に使える店」の法則

最近では接待禁止の企業もあり、バブル時代のような接待漬けなどという言葉も聞かれなくなってきました。そのせいか、若い社員の中には接待の経験がないという人も少なくありません。

しかし、取引先をもてなすことは往々にしてあることです。接待はまた、仕事を円滑に進めていくためのひとつの手段でもあります。

そこではじめに決めなくてはいけないのが、店選びです。接待をする場所として選んだ店が会社の評価に直結すると認識することが大事です。

けっして見栄を張る必要はありませんが、だからといって相手の肩書によって店を選ぶのも問題外です。

相手によって選ぶのではなく、自分の会社が接待として使うのにふさわしい店を選ぶことです。

そうすることで、接待を受けたほうが「自分なんかにこんな高額な接待をしてくれるなんて…」と感じれば、まずは成功といっていいでしょう。それが後々仕事につながることになるわけです。これこそ接待の相乗効果です。

ちなみに、先方の最寄り駅や沿線を確認して、スムーズに帰れる場所を選ぶことも店選びのポイントです。

急に天候が悪くなっても問題なく帰宅できるなど、接待相手の利便性を優先します。

また、実際に一度は下見に行って料理や飲み物の種類、客層などを確認しておくといいでしょう。

店の人に接待で利用することを伝えておくことも大切です。

前日までに手土産を用意し、当日は出迎えるために早めに店に行きます。食事中はホスト役に徹して、仕事の話だけでなく相手が喜びそうな話題にも触れるようにしたいものです。

3

「人間関係」

スムーズなつながりに、この〝気配り〟は欠かせない

「一本締め」と「三本締め」の使い分けの法則とは？

宴会や祝いの席、あるいは株主総会などの式典が終わった時に「手締め」と呼ばれる手拍子を打ったことがある人は多いでしょう。

しかし、その時々で「三本締め」だったり「一本締め」だったりして、とりあえず周囲のマネをしている人もいるはずです。

手締めには「三本締め」と「一本締め」、そして「一丁締め」があります。正式なのは三本締めです。

「皆さんお手を拝借。いよーお！」と音頭をとり、「パパパン、パパパン、パパパン、パン！」と手拍子を打ち、「よっ！」と合いの手が入り、「パパパン、パパパン、パパパン、パン！」と手拍子、さらに「もう一丁！」と合いの手が入って、「パパパン、パパパン、パパパン、パン！」と手拍子を打ったら「ありがとうございました」と唱和して拍手をします。

これは3＋3＋3で9、9は〝苦〟と考えられて1を足すことで、「九」が「丸」になり「丸く収まりました」という意味があります。一本締めは「パパパン、パパパン、パパパン、パン！」の1回だけ行うもので、宴会の中締めや会社内での集まりなどで行う少しカジュアルなスタイルになります。

さらに「お手を拝借。いよーお！」「パン」と1回だけ打つのが「一丁締め」です。これは一本締めを簡略化しもので、大声が出せない場所や周囲への配慮として小さな声で、そして小さく手を打つ場合もあります。そのため「ありがとうございました」や最後の拍手はありません。

関東などではこの一丁締めのことを一本締めと表現する場合もあるので、音頭を取る人は「1回だけ」と念を押すといいでしょう。

手締めはその式典を執り行った人が無事に終了したことを出席者に感謝するために行うものなので、来賓者に手締めを依頼することも、来賓で出席した人が依頼されてするのもどちらもマナー違反になりますので気をつけましょう。

エスカレーターでさりげなく誘導するマナーのコツ

急いでいるからエスカレーターに乗っている時でも歩くという人のために、片側を空けることがマナーとして定着してきました。関東では右側を空けるのに対して、関西では左側というのもおなじみです。

特に駅のエスカレーターでは、電車の発車時間に間に合わせるために先を急いでエスカレーターでも歩く、または駆け上がるようにして走る人も多いのですが、トラブルや事故が増えていることも事実です。

そこで、上司や客とエスカレーターに乗る場合ですが、片側に寄るかどうかは関係ありません。上りのエスカレーターでは上司や客の後ろに乗り、下りのエスカレーターでは上司や客の前に乗るのがマナーです。

この位置に乗ることで、上りの場合は万が一、上司や客が倒れた際に支えることができますし、下りの場合は部下が上司や客を見下ろすことになりません。しかし、これが男女間では、いくら立場が上であっても女性を上司の位置に乗ってもらうことが好ましくなります。

先に乗る時は「お先に失礼します」と声をかけるといいでしょう。

ただし、日本エレベーター協会や日本民営鉄道協会などはエスカレーターでの歩行禁止を呼びかけています。

なぜなら、エスカレーターは歩くためのものとして作られていないからです。エスカレーターは一般の階段よりも急勾配になっており、ステップの高さも大きいので歩くとつまずきやすくなります。もともと、ひとつのステップに2人が立ち止まって乗るように設計されているのです。

今後、エスカレーターでのマナーが変わることになるかもしれません。ケガをしていて左右のどちらかしか立てないという人もいることでしょう。

大勢の人が使用するものですから、いくら急いでいるからと前に立つ人に対してイライラした態度をとらないようにしたいものです。

新築に招かれた時の心遣いにはコツがある

会社関係や友人の自宅に初めて招かれた時の手土産は必須ですが、忘れてはいけないのが「家」をほめることです。

自宅にわざわざ招待するということは、少なからず自慢したいという気持ちを持っているでしょうし、新築ならなおさらです。そこで、ほめるポイントさえ押さえておけば相手の自尊心を満足させることもできます。

まず、客を招く前にはどこの家でも必ず掃除をしているはずです。そこで「手入れが行き届いていて、居心地のいいご自宅ですね」とほめるだけでも、うれしく感じるものです。

さらに、パッと見てインテリアに凝っているなら家具などをほめればいいし、最新のシステムキッチンが設置されていたら台所の話題に触れればいいのです。

どこか一点でもこだわりのある部分を見つけて持ち上げれば、「このソファはイタリア製で…」などという話になるでしょう。

それでもほめるポイントが見つからなければ、「駅から近くて便利ですね、うらやましいです」でもいいですし、駅から遠い場合は「閑静で住みやすい環境ですね」など、何でもいいから評価するのです。

たとえ立派な造りではなかったり、古い家をリフォームした場合でも「雰囲気がおしゃれですね」「このカーテン、すてきですね」などと目をつけるポイントはいくらでもあるはずです。

または「実家の雰囲気と似ているせいか、とても落ち着きます」とか、「将来、家を建てる時に参考にさせていただきます」などでもかまいません。

ちなみに、お金をイメージするような「この絵はすばらしいですね、高かったのでしょうね」などの感想や質問はＮＧです。

初めて訪問した時は、家をほめることが招いてくれた相手への心遣いなのです。

手料理をふるまわれた時の応え方にはコツがある

ホームパーティや友人宅での食事に招かれたら、テーブルマナーの次に心得ておきたいエチケットがあります。それは、料理をほめることです。

招待する側は前もってメニューを考えて料理を用意するわけです。当然、自信のある料理を作っているわけですから、ただ「美味しい」と言ってパクパクと食べていればいいわけではありません。

最初にほめるタイミングは、料理がテーブルに運ばれてきた時です。ここで盛りつけなどの見た目をほめます。

「サラダの彩りがきれいですね」とか「食器のセレクトがいいから、おしゃれなカフェみたい」など盛りつけのセンスのよさを称えましょう。

続いて料理の香りに移ります。

「食欲をそそる匂いですね」とか「いい香り、もう我慢できない」など、料理を前にして待ちきれないという雰囲気をつくり上げていくのです。

そして次には味をほめます。ただし味に関しては、あまりグルメを気取らないほうがいいかもしれません。

もしかしたら、それほど料理が得意ではないために出来合いの惣菜にアレンジしただけかもしれませんし、料理にそれほど詳しいとは限りません。

「よく煮込まれていて味がしみておいしいです」や「このソースの味、私大好きです」などで十分です。

最後には「美味しすぎて満腹です」とボリュームも十分足りたことを伝えれば、相手もホッとするはずです。

そして忘れてはならないのは、感謝の言葉です。

「これだけの料理を用意するのは大変だったでしょう、本当にありがとう。ごちそうさまでした」

この言葉が聞ければ、腕をふるった甲斐があったというものです。

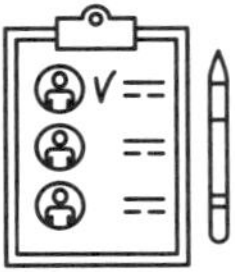

初対面のあいさつをめぐる大きな誤解とは？

グローバル化が進み、もはや日本の常識が世界で通じないことを痛感している人は少なくありません。

ビジネスにおいては、マナーを間違えると仕事にまで支障が起こることもあるので、できるだけ最初の印象はよくしたいものです。

たとえば初対面であいさつする時、日本では目下のほうから紹介するものですが、欧米では目上のほうから紹介するのが常識です。

そもそもなぜ日本では目下から紹介するのかというと、昔の日本のあいさつの形式がそのまま残っているためです。

昔は格式ある家を訪問すると、最初に一番格下の取次ぎという者が出てきて、次に門番、玄関番、諸大夫という使用人、さらに側近の奉仕者が続き、最後にようやく家の主人が出てくるという仕組みでした。

つまり、下の者から上の者へ順に名前を告げていくというのが、日常生活の中にも当たり前に取り入れられていたのです。

日本でも最近では欧米式のあいさつになってきましたが、たとえば芝居の出演者の名簿や相撲の取り組み表は、格上になるほど最後に書くようになっています。

このことからもわかるように、いまだにその名残はあらゆる場面で多く見られます。

また欧米の一般的なあいさつである握手は、自分の素手を相手に見せることによって武器を所持していません、つまり「あなたに危害を与えません」という表現であり、目上の者から率先してコミュニケーションをとろうとする意志の表れです。

ちなみに、名刺を重要視するのは日本だけです。海外ではあくまで便宜上のモノとして名刺を扱うので、日本人のように大切に扱うことはありません。

欧米人は細かな肩書などあまり気にしないのです。

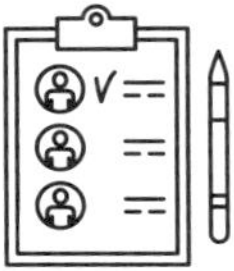

そもそも「お中元」と「お歳暮」は どこがどう違う？

社会人になったばかりでいきなり「お中元」や「お歳暮」を贈ることはありませんが、結婚をして親戚が増えたり、仕事上で責任のある立場になると贈ったり贈られたりする機会が増えます。

まず、お中元やお歳暮は感謝の気持ちを継続的に贈るものなので、一度限りで贈るのはマナー違反になります。もし、大変お世話になったので感謝の気持ちを贈りたい場合は、「御礼」または「無地のし」で贈るといいでしょう。そうすれば、贈る時期も選ぶ必要はありません。

お中元は7月上旬から7月15日までに贈るのが一般的ですが、旧盆の習慣がある地域では8月上旬から8月15日までに贈ります。暑い時期なので、ビールや清涼飲料水などの季節ものに人気があります。

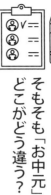

一方のお歳暮は11月下旬から12月20日前後、旧盆の習慣がある地域では12月13日から20日前後に贈ります。正月が近いことから大人数でも食べることができるハムなどは定番です。

気をつけたいのは、「お酒が飲めない人にビールを贈ってしまった」などと、相手の好みや家族構成に合わないものを贈らないようにすることです。たとえば、共働きでなかなか荷物を受け取れない人には賞味期限の長いお菓子や海苔などを選ぶ気遣いも必要です。

また、お中元とお歳暮をどちらか1回だけにしたい場合は、1年の締めくくりとしてお歳暮を贈りましょう。そして、疎遠になってしまったり、立場が変わってやむを得ず途中でやめたい場合は、きっぱりやめてしまっても問題はありません。

もし、突然やめることに抵抗があるなら、「暑中見舞い」や「寒中見舞い」として手紙でのあいさつに代えることも考えてみましょう。

虚礼廃止の風潮が広まっている昨今ですが、お世話になった人に感謝の気持ちを表すために受け継がれてきた文化は大切にしたいものです。

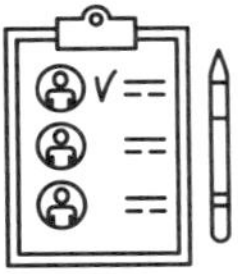

入院見舞いをめぐる外から見えないタブー

知り合いが入院したと連絡が入ったら、心配ですぐにでも駆けつけて行きたくなるものですが、いきなり入院してすぐに見舞うのは禁物です。なぜなら、入院直後は相手の具合が悪いのはもちろん、手術や検査などに集中している時期だからです。本人も家族も落ち着かないなか、見舞いに来られても対応に困ってしまうに違いありません。

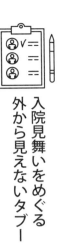

また、それ以外でも避けたほうがいいのは、病状が安定していない時、つまり手術の直前や直後、本人が面会を望んでいない時です。

「本人が面会を望んでいないなんてことがあるのか」と思うかもしれませんが、体力が落ちている時に人に会うのは疲れるものですし、女性であれば化粧もしていないやつれた姿を見られたくないと思うこともあるでしょう。何より本人の気持ちを尊重しなければいけません。

見舞いに行く時は必ず家族に連絡を取って、見舞いに行っても問題のない状態かどうか、本人の意向かどうかを確認しましょう。そのうえで、面会時間を尋ね、決められた時間内に病院を訪ねます。

また、大人数での見舞いはほかの入院患者や病院に迷惑になるので、２～３人くらいで15分程度で切り上げるようにします。また、病院によっては子どもの面会を禁止しているところもあります。

会社関係の見舞いの場合は、相手が上司や社会的な地位が高い人に対して１人で行くのは失礼になります。同伴者を連れて行くようにしましょう。

ところで、見舞い品にはいろいろなタブーがあります。生花は禁止されている場合もあるので病院に確認しておくことや、目上の人に現金を贈るのも失礼にあたります。食べ物も制限がある場合があるので注意が必要です。

病気見舞いは焦って行くよりも、多少遅れたほうがタイミング的にいいこともあります。入院している本人や家族の負担にならないことを心がけましょう。

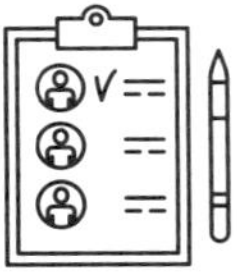

引っ越しのあいさつは「向こう三軒両隣」だけで本当にいいのか

昔から引っ越しのあいさつは「向こう三軒両隣」といわれています。これは自分の家の向かいにある3軒と左右の隣という意味です。

現在でもこの考え方に変わりはありませんが、家同士が近い場合には向こう三軒両隣に加えて裏の3軒まであいさつすれば、自分の家の周囲すべてにあいさつしたことになります。

また町内会がある地域では、町内会長の家にもひと言あいさつしておくと、その後の生活面でわからないことなどもスムーズに聞くことができるでしょう。

次にマンションなどの集合住宅では、自分の家の両隣と管理人さんに加えて上下の家にもあいさつしておくべきです。特に子どもがいる場合は、生活音などで迷惑をかけるかもしれないので「騒がしいかもしれませんが」とひと言断っておくと、のちのちのトラブルを防ぐこともできます。

また社宅に住む場合は、つき合いの密度も格段に違ってきますので、社宅のルールを聞いてからあいさつに回ったほうが無難です。「あそこの家には行ったのに、うちには来ない」なんて陰口を叩かれてはたまりません。

引っ越しのあいさつに伺う時は手土産を持っていくのがマナーで、500〜1000円程度のあとに残らないものがいいといわれています。タオルや洗剤などが定番ですが、ティッシュなどはどの家庭でも使うのでおススメです。

あいさつに行く時は、できるだけ家族全員で訪問するようにしましょう。家族構成を相手に伝えることで、お互いに打ち解けるきっかけにもなります。引っ越し当日に行くのが望ましいですが、遅い時間になってしまったら翌日でもかまいません。

また先方に何度伺っても不在の場合は、あいさつ状を郵便ポストに入れておくという手もあります。引っ越しのあいさつはその後の人間関係にまで影響してくるので、なるべくいい印象を与えられるよう気をつけたいものです。

ちょっとした勇気があれば、「何かお困りですか」と言える

車いすに乗っている人が道路の反対側の歩道で立ち止まっていたとします。さて、あなたならどうしますか。「1人でいるということは慣れていて大丈夫なんだろう」「困っている様子ではないな」「誰かを待っているのかな」などと思いながら、黙って通り過ぎていくのではありませんか。

ここで、ひと言「何かお困りですか？」と声をかける勇気を持ってほしいのです。何の問題もないこともありますが、具合が悪くて声が出せないのかもしれません。特に人通りの多いところでは、自分が声をかけなくても誰かが気にかけるだろうと考えがちです。

そこで気をつけたのは、相手に触れる前に声をかけることです。「こんにちは」「お手伝いすることはありますか」と言うだけでいいのです。急に腕をつかまえ

て「危ないですよ」なんて言われたら誰だって驚いてしまいます。

たとえば、視覚障がい者は困っていても自分から援助を求めるのは難しいので、周囲の人が見守る必要があります。横断歩道で白杖を持っている人が立ち止まっていたら、「まだ赤ですよ」「青になりましたよ」と渡るタイミングを教えてあげるといいでしょう。

もしくは移動の介助を求められたら、自分の腕や肩をつかんでもらい、半歩前を歩くようにします。けっして黙って引っ張ったりせず、階段があればいったん立ち止まって「上り階段です」や「下り階段です」と伝えます。

ちなみに、声掛けの「大丈夫ですか?」は、助けが必要だと決めつけられているようでなかには抵抗を感じる人もいるようです。

障がいがあるといっても自分でできることは自分でしたいと思うものです。それは障がいがあるなしにかかわらず、すべての人が思うことでしょう。

大切なのはコミュニケーションです。「慣れているので大丈夫です」と言われたら「お気をつけて」とひと言返すだけで気持ちにもゆとりが生まれます。

咳をしている人に気持ちよくマスクをしてもらう方法

風邪やインフルエンザ、アレルギーなどの症状で咳やくしゃみが出るようになったら、マスクをするのはエチケットです。周囲の人たちに感染をさせないように、または予防のためのマスクは必須アイテムです。

マスクをしないで咳をすると、ウイルスが2〜5メートルも飛ぶといわれています。また、くしゃみは1回あたり約4万個の飛沫が生じるので、空気感染防止のためにもマスクは欠かせません。

ところが、咳がゴホンゴホンと出ているのにいっこうにマスクをしようとしない人もいます。そのせいか、電車の中など公共の場では他人からうつされたくなくてマスクをしているという人のほうが多いかもしれません。

そこで、職場でそんな人がいた場合に何と言えばマスクをつけてもらえるでしようか。

「咳が出ているのでマスクをしてください」

「咳がつらそうですね、マスクをすると楽になりますよ」

どちらのほうがすんなりマスクをしてくれるかといえば、もちろん後者です。

この場合は、マスクを差し出して言うのがポイントです。

それでもマスクをしてくれなかった時は、上司から言ってもらいましょう。職場に風邪やインフルエンザが流行って欠員が大勢出たら困るのは目に見えています。

ちなみに、マスクだけではなく手洗いやうがいも重要な予防になります。

咳やくしゃみをした際にとっさに手で口を押さえることが多いはずですが、その手にはウイルスが大量に付着しています。

そのままドアノブや電車のつり革などに触れることで接触感染が起こります。

外出先から帰ってきたら、食事の前には手洗いとうがいを習慣にしたいものです。

旅館、料亭……「心づけ」が必要になるTPOとは？

「心づけ」といって一番に思いつくのは、旅館でしょうか。仲居さんに部屋まで案内された時にさりげなく渡すというイメージです。そのほかにも結婚式や葬式、貸し切りバスの運転手さんへ渡すなど、心づけは感謝の気持ちを示すためのものです。

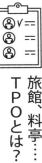

しかし、ほとんどの宿泊施設ではサービス料を含めた宿泊料金となっているため、心づけは基本的には必要ありません。それでも、小さな子どもがいて騒がしいので部屋を変えてもらった、サプライズのために特別に花を飾ってもらった、アレルギーのために献立を変えてもらったなど、こちらの要望に特別に応えてくれた時には、宿泊料金の10％程度の心づけを渡すといいでしょう。

結婚式では、司会者や写真撮影のスタッフに渡す習慣がありましたが、これも料金の中に含まれていることが多いものです。しかし、親戚や友人に司会や受付、撮影などを頼んだ場合はそれぞれに用意しておくべきです。

葬式の場合は突然のことでもあるので、うっかり忘れてしまうことがあります。見積りをよく見て、霊柩車や送迎バスの運転手に対する心づけが含まれているかどうか確認する必要があります。

また公営施設で執り行う場合は、相手が受け取れないので心づけは不要です。

心づけは少額なので、派手な封筒などに入れる必要はありません。ポチ袋や懐紙などに包んで渡すことで、受け取った側がさっと手のひらに忍ばせることができることが肝心です。何もない時にはティッシュに包んで渡してもかまいません。紙幣のまま渡すほうがマナー違反です。

心づけを渡したから優遇されるということはありませんし、期待するのも間違っています。冠婚葬祭に限らず、入院した時や引っ越しなど自分の力だけではどうにもならず、誰かのお世話になる機会は多々あります。そんな時に感謝の気持ちを示すことは大事なマナーだといえます。

あいさつをしながら
お辞儀をするのはみっともない

「おはようございます」「こんにちは」「お世話になっております」など毎日のように交わすあいさつですが、相手が目上の人だった場合はお辞儀もします。

その際、お辞儀とあいさつを一緒にしている人をよく見かけますが、これはふたつの動作を同時に行うことになるために失礼になります。

ここは、あいさつをしてからお辞儀をするのが基本です。「語先後礼」といって、言葉が先で、礼はあとになります。

たとえば、「おはようございます」と相手の顔を見て言ってからお辞儀をするわけです。

この時のお辞儀は、上半身を15度くらい傾けて相手の腰のあたりに視線を向ける「会釈」でかまいません。

ちなみに、お辞儀には一番軽い会釈のほか、ふつうのお辞儀の「敬礼」、丁寧なお辞儀の「最敬礼」があります。

敬礼は上半身を30度くらい傾けて、自分のつま先から50センチメートルほど先に置きます。ふだんのあいさつなら敬礼で十分でしょう。

そして、お詫びや感謝の気持ちを最大限に表したい時にするのが、最敬礼です。自分のつま先を見つめるようにして上半身を45度くらい前に倒したあと、ゆっくりと顔を上げます。

どのお辞儀でも大切なのは、アイコンタクトをとることです。相手の顔を見るということは、その相手に注意を向けているということです。

通りすがりに言葉だけであいさつをするよりも、一度足を止めて顔を相手に向けてあいさつをしたほうが好印象であることはいうまでもありません。

親しき仲にも礼儀ありです。形だけのお辞儀では気持ちは伝わりません。

スマートな身だしなみのために一番大事にしたいこと

おしゃれは、自分の好きなように着こなして自分が楽しむためのものです。対して、身だしなみは相手に不快感を与えないために自分の服装などを整えて、言動などを配慮することです。

つまり、おしゃれは自分に対して、身だしなみは相手に対する行為なのです。ビジネスシーンではおしゃれは必要ありません。

では、仕事でおしゃれをしてはいけないのか、と思う人もいることでしょう。もちろん個性は大事ですし、おしゃれがその職場にふさわしいものであれば問題はありません。

たとえばロングヘアの女性がいたとします。毎日きれいにブローしているから問題はないと思うかもしれませんが、仕事中に何度も髪の毛をはらうしぐさが煩わしいとか、細かいことかもしれませんが落ちている髪の毛が気になるという人もいるでしょう。長い髪の人はひとまとめにするなどの配慮が必要になります。

仕事に差し障る服装やヘアスタイルでは、身だしなみが整っているとはいえません。では、身だしなみには何が大切かというと、相手に不快感を与えないこと、つまり清潔感です。

隣に座ったらタバコのニオイがプンプンする、着ているスーツがクシャクシャ、香水がキツイなど、どれも相手に与える影響を考えていません。

タバコを嗜むなら口臭タブレットを携帯する、スーツは同じものを続けて着ない、香水は仕事が終わってからプライベートの時間につけるなど工夫はできます。

また、身だしなみの相手は取引先だけではありません。同じ会社で働いている社員に対しても同様です。

仕事を終えて帰宅して部屋着に着替えるとリラックスするのと同じで、仕事に行く時には身だしなみを整えることで気持ちが引き締まり、仕事モードに切り替わるのです。

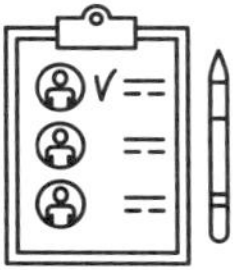

玄関では、なぜ靴を「入船」に脱ぎ「出船」に揃えるのか

知人の自宅などを訪問する時には、当然のことながら玄関で靴を脱いで部屋に上がることになります。

靴を脱いで部屋に上がるという行為は、相手のプライベートな空間に入り込むことを意味します。大人同士のつき合いであれば、その際には気分を害するような行動は避けなければなりません。

まず、単純に靴を揃えればいいというわけではありません。覚えておきたいのは、「入船」で脱ぎ、「出船」に揃えるということです。

入船とは、船が港に入港する時の形を表しています。つまり、靴の先を家人の方に向けたまま靴を揃えて脱いで上がります。

次に、家人に尻を向けないよう気をつけながら腰をかがめて、置いた靴の向きを180度変えて、なるべくたたきの端に揃えて置きます。

　この時のつま先を外に向けた形が、港から船が出港する時の形に似ているので「出船」というのです。

　つい面倒だからといって、玄関で後ろ向きになって靴を脱いでしまうのはマナー違反です。せっかく靴を揃えても、「家人に対して尻を向ける」という行動が失礼に当たるからです。

　訪問先で靴を脱ぐことがわかっている場合は、なるべく脱ぎ履きしやすい靴を履いていくほうがいいでしょう。動作に手間を取ることなくスマートに見えます。

　また、靴下やストッキングなどが清潔かどうかも確認しておきましょう。オフィスでは靴や室内履きを履いているので気にならなくても、個人宅に上がるなら清潔なものを身に着けるのは最低限のマナーです。

　靴を脱いで上がる料亭や宴会場などでも同じことがいえます。カジュアルな会だとしても、靴を脱ぐ時の動作が洗練されていると好印象を与えることは間違いありません。

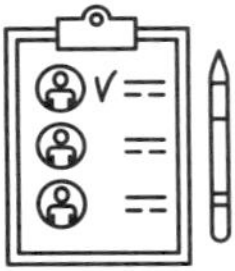

訪問先で上着を脱ぐ時の一番いいタイミングとは？

家の中ではコートなどの上着を脱ぐのは当然ですが、取引先などを訪問する時もコートは脱いで手に持つのがマナーです。

では、コートを脱ぐタイミングはいつがいいのでしょうか。

たとえば、受付が1階にあるような大きなオフィスビルの場合は、ビルに入る前にコートを脱いでおきます。ビルの中の1室にあるようなオフィスなら、そのフロアにいる時に脱ぐようにしましょう。

共通しているのは、訪問先の相手に室内で会う前に脱ぐということです。個人宅を訪問する時に室内でいつまでもコートを脱がない人はいないでしょう。オフィスでも同じことなのです。

また上着以外でも、マフラーや手袋などについても同様のことがいえます。コートを脱ぐ時に一緒に外しておきましょう。

雨の日に身に着けるレインコートもまた、訪問前に脱ぐのがマナーです。レインコートには水滴がついているので、たたんで腕にかけるだけでは室内を濡らしてしまいます。

防水の袋などを持ち歩くようにするか、何もない場合は中表に折りたたんで水滴が落ちないように気をつけます。

最近では、傘袋も内側が吸水素材でできているものがあります。訪問先でビニールの傘袋や傘立てを借りるのは失礼ではありませんが、あらかじめ用意をしておきたいものです。

また、春先の時期には花粉がコートにつき、花粉症の人にとっては迷惑になってしまいます。コートの表面をよく払うだけでもある程度落とすことができるので覚えておきましょう。

会社であってもオフィスの中は室内です。外のほこりや汚れなどを持ち込まないように配慮することで、自然とマナーに沿った行動ができるはずです。

自分の感覚には頼れない、いまどきの「上座」と「下座」の話

個人宅でも会社でも、訪問する際には上座と下座をしっかりと認識していないと思わぬ恥をかくことがあります。

訪問先で部屋に通されると、案内をしてくれた人は「少々お待ちください」と言っていったん部屋を出ます。

そして、約束の相手が来るまでの間にどのような行動をとるべきか、ここで上座と下座の認識が深く関わってくるのです。

一般的には、部屋の入り口に近い方が下座、部屋の奥または床の間に近い位置が上座になります。多くの場合、客として案内されるのは上座にあたる位置です。

客として訪問した以上は結果的に上座に座ることになるのですが、案内されないうちに自分から上座に座ってしまうのは間違いです。

待ち人が来るまでの間は、とりあえず下座に座って相手を待ちましょう。また、和室に通された場合、勧められる前に座布団に座ってはいけません。まずは畳に座り、促されてから初めて座布団を使います。

手持ち無沙汰だからといってテーブルの上に本や資料を広げたり、スマホをいじったりするのはおすすめできません。

またハンガーを勝手に使ったり、手荷物を空いている席や机の上に置くのもやめておきましょう。

客として訪れたとしても相手のテリトリーに敬意を払い、あくまでも受け身の姿勢で臨んでおくのが無難なやり方です。

我が物顔で上座でくつろいだり、周りを散らかしたりするのは悪い印象しか与えません。

部屋に通されてからの待ち時間などたかが知れています。これから話す内容のシミュレーションなどを頭の中で考えながら姿勢よく座って待ちたいものです。

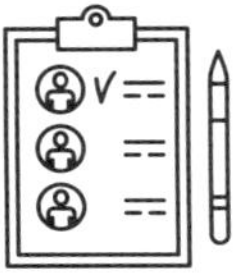

連名で祝儀を出す時にやるべきこと、やってはいけないこと

社会人になればつき合いの浅い深いにかかわらず、慶弔の際に祝い金や香典を出すことが多くなります。それほど親しい間柄でない場合は、連名で1枚の袋を使用するケースもよくあることですが、その際には表書きの書き方に注意が必要です。

その書き方ですが、何人でも名前を連ねていいわけではありません。基本的には個人名は３人までが限度です。

まず、３人の中で肩書や役職が上の人の名前を真ん中に書きます。残る２人の名前はその左横から、格の高い順に書きます。

４人以上のグループの場合は、代表者と「他一同」という表記にします。残りの人の名前は、別紙に一覧を書いて袋に同封します。

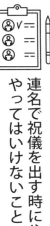

また、部署や職場のグループ全員で出す場合は、代表者の名前を書かずに「○○株式会社　○○部一同」などと書きましょう。そのうえで、別紙にメンバー全員の名前を書いた紙を同封します。

それほど親しい交流のない相手に出すなら、たとえ1人で出すとしても名前の右横に会社名を添え書きするのを忘れてはいけません。

連名の封筒を受け取った人は、それぞれに礼状や返礼品を手配しなければなりません。その際に宛先がわかりやすいように配慮する必要があるのです。

特に、結婚や出産などの祝いの場合、受け取った人は内祝いとしての返礼品を用意するのが一般的です。

あまりに大人数の連名で祝い金を贈ってしまうと、かえって負担になってしまいます。多くても4、5人までの連名にしておくのがいいでしょう。

慶弔いずれかにかかわらず、受け取った相手の立場になって考えれば、自然とマナーに沿った行動ができるはずです。

相手の感激度が断然アップする手土産の渡し方

来客が手土産を持って来た時、どんなふうに扱えばいいのか迷うことがあります。

手軽な手土産として一番多いのは飲食の品物でしょう。洋菓子にしても和菓子にしてもまずはお礼を言って受け取り、上座に置いておきます。

その後、キッチンで包みを開けて、お茶菓子としてテーブルに出してもいいでしょうが、その時は「お持たせですが」と断ってから出すのがマナーです。

特にケーキなどの生菓子は、来客と一緒にいただくのがいいでしょう。もちろんこちらで用意したお茶菓子を出すのも忘れないようにしてください。

多すぎるのもよくないですが、お茶菓子は余るくらいでちょうどいいくらいに考えておけば間違いありません。

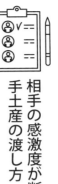

また、飲食以外の手土産をいただくこともあります。親しい友人の場合は、お茶などを出した後で「開けてもいいですか」と断ってから包みを開けてみてもいいかもしれません。

贈り物をする側にとっては、相手の喜んでいる様子を知ることが何より嬉しいものです。その場で包みを開けることで、その喜びを直接伝えることができるのです。

一方、その場で開けることがためらわれる相手なら、十分にお礼を言った後で大切に上座に置いておきます。

目に入るところに置いておけば会話の中で「開けてみて」などと言われるかもしれませんし、そうでなければ客が帰ってから開ければいいでしょう。

また、手土産を贈る側なら「一緒にいただきましょう」とか、「ぜひ開けてみてください」などと、相手が行動しやすい言葉がけをしてください。

相手の気持ちになれば自然と言葉が出ますし、逡巡することがなくなるので気持ちよく過ごすことができるはずです。

もしも、上司の代理で葬儀に出席することになったら

不幸というものは何の前触れもなく突然訪れるもので、ビジネスパーソンを長くやっていれば通夜や告別式に出席する回数も増えてきます。時には自分の知人でなくても上司の代理で出席する機会もあるでしょう。

その場合、個人ではなく会社の代表として出席するのだという意識を持たなくてはなりません。マナー違反をしたら恥をかくのは自分だけではなく、上司や会社なのです。

急な通夜であれば喪服でなくてもかまいませんが、派手なネクタイやシャツは避けた方がいいでしょう。

できれば、ふだんから会社のロッカーに男性なら白いワイシャツと地味なネクタイ、女性ならオールマイティでシンプルなジャケットなどを1セット常備して

おくと便利です。

ところで式場に着いてからの所作の手順ですが、まず芳名帳に記名します。会社名と上司の名前を記入し、その左横に「代理」もしくは「代」と書いてから自分の名前を記入します。

受付で香典を渡す時も「○○の代理で参りました」と必ず告げましょう。その際には、あらかじめ預かってきた上司の名刺を添えて渡します。

通夜の後に行われる通夜ぶるまいに参加するかどうかに決まりはありませんが、これもあらかじめ上司に確認して指示を仰いでおくのがベターです。

通夜に出席したからといって終わりではなく、会社に戻ったら特に言われなくても上司への報告が必要です。もし通夜の席から直帰したら、翌日必ず香典返しを会社に持っていきます。

弔事というのは予定できないために何かとバタバタしてしまうものですが、基本的なふるまいが頭に入っていれば十分対応できるはずです。とっさの対応こそ、その人の〝人間力〟が表れてしまうものなのです。

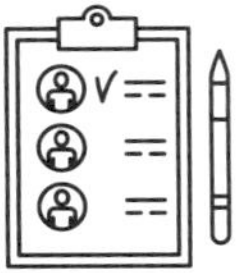

もしも、結婚式の日に葬儀の連絡が入ってしまったら

結婚式はたいていの場合、2〜3ヶ月ほど前に招待状が届きます。あらかじめ予定を空けておき、当日を楽しみにする人も多いでしょう。

しかし、人生には不測の事態が起きるもので、訃報と結婚式の予定が重なってしまうということもあります。こればかりは不可抗力ですので、避けることができません。

人情としてはあらかじめ招待してもらっていた結婚式を優先したいところですが、慶弔が重なったら原則的に弔事を優先します。

ただしあくまでもこれは原則ですから、それぞれとの関係やつき合いの深さによって対応は変わってくるでしょう。結婚式でも通夜や告別式でも、当事者が身内など関係の深い相手であればそちらを優先してかまいません。

弔事が優先という原則が適用されるのは、友人や同僚など関係性がイコールのケースになります。

もし結婚式を欠席することになった場合は、できるだけ速やかに先方に連絡します。その時には、「急な仕事の都合でどうしても出席できなくなりました」などと理由を伝えます。結婚というハレの日を迎える相手に、凶報を耳に入れてあえて水を差す必要はないからです。

大切なのは欠席した側へのフォローです。欠席の連絡を入れただけでその後何も言わなければ、もやもやした気持ちを抱かせてしまいかねません。

結婚式を欠席したならば、後日改めて手紙などで突然の欠席をお詫びするとともに、お祝いの気持ちを伝えましょう。その際に、本当の理由を伝えるかどうかは相手との親しさによるでしょう。

逆に身内の結婚式に出席して知人の葬儀に参列できなかった場合は、落ち着いた頃に弔問に行ってもいいかどうかを聞いてみます。

いずれにしても、後でわだかまりを残さないようにすることが肝心です。

もしも、通夜で親族から「故人と対面してほしい」と言われたら

通夜は告別式とは違って、「取るものも取りあえず」参列するというもので、参列の際のマナーというのはさほど厳密ではありません。一番大切なのは故人を悼む気持ちといっていいでしょう。

特に関係が深い友人や知人が亡くなったと聞けば、心中穏やかでない状態で通夜に参列することになりますが、いくら悲しんでいたとしても大人として最低限のマナーを守らなくてはなりません。

たとえば、故人との対面はあくまでも遺族の希望で行うもので、こちらから要求してはいけません。

親しい間柄であれば感極まって「会わせてください！」などと言ってしまいたくなるかもしれませんが、そこはぐっとおさえましょう。

逆に「ぜひ顔を見てやってください」と言われたら、遺族の求めには応じるのがマナーです。

故人と対面する時は、故人が寝かされている布団のそばに行き、正座をして両手をついて一礼し、遺族にも一礼します。

そして、遺族が故人の顔にかけられた白布を上げたら合掌して一礼し、そのまま下がって遺族にも一礼します。

あくまでもその場の雰囲気や環境が優先するので厳密にこの流れを守らなくてもいいのですが、絶対守らなければならないタブーもあります。

それは対面の際に自分の手で白布を上げてはいけないということです。遺体といっても遺族にとっては少し前まで命があった大切な体です。いくら親しい間柄であっても、身内が亡くなって一番動揺しているであろう遺族の気持ちにずかずかと入り込むような行動は慎まなくてはなりません。

静かに故人の冥福を祈り、遺族と悲しみを共有することが通夜や告別式での正しいふるまい方なのです。

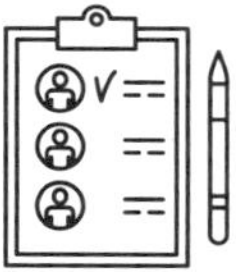

お悔やみの言葉にさりげなく〝いたわる気持ち〟をのせる方法

通夜や告別式に参列した時、遺族と言葉を交わすタイミングがあるとしたら、どんな言葉をかければいいのか迷ってしまうことがあります。

しかし、気の利いた言葉を言おうとか、励まして元気を出してもらおうとか考える必要はないのです。大切なのは、言葉を尽くすよりも遺族の悲しみに共感することです。

その共感を示すのに上手な言葉遣いはいりません。

「この度は本当にご愁傷さまでした」「○○さんには本当にお世話になりました」などという言葉だけでも十分なのです。言葉はありきたりでも、本当に悲しんでいればそれは言葉尻や表情ににじみ出るものです。

自分のことを振り返って考えてみれば、本当に悲しい時、ショックなことがあった時、饒舌に気持ちを語れたでしょうか。耳障りのいい励ましや慰めの言葉をたくさん重ねても、それは逆に心がこもっていないことを見せつけてしまうだけなのです。

かえって言葉少なに、途切れ途切れに話すほうが悲しみの実感がこもっているように聞こえます。人の生死にかかわるような重要な局面では、自分をよく見せようとか気の利いた人間に見せようという気持ちは封印しましょう。

つまり、不器用でも感情を素直に吐露したほうが、相手の気持ちに訴えかけるのです。

悲しみの中にいる遺族にとって、どんな慰めの言葉も意味はないでしょう。大切な人を失った喪失感は、他人に長々と慰められたところで埋められるものではありません。

薄っぺらな励ましの言葉をかけるくらいなら、黙ってそばにいるほうがずっと気持ちが伝わるはずです。

4

「モノの言い方」

いい関係は、いい「言葉」に
宿っている

丁寧すぎてかえって気になってしまう言い回しとは？

丁寧な言い方をしようとする時、言葉を新たに足してしまう人をよく見かけます。しかし、それが無駄になることもあるので注意したいものです。

最もわかりやすいのは、レストランや喫茶店で耳にする言葉です。

最近、「こちらがコーヒーになります」「ステーキでよろしかったですか？」などという言い方をよく耳にします。これはあきらかにおかしい言葉使いです。「コーヒーです」「ステーキをお持ちしました」で十分なのですが、丁寧に言おうとして、余計な言葉をつけ足した悪い例です。

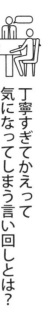

ビジネスシーンでも同じようなことを見かけます。

たとえば、「こちらが商品のサンプルになります」は、「これから何らかの変化が起こって、サンプルではなかったものがサンプルに成長していく」ような印象を与えます。ここは素直に「こちらが商品のサンプルです」で十分です。

また電話などで、よく「お名前のほうをお伺いしてもよろしいですか」と言う人がいます。これもシンプルに「お名前をお伺いできますか」が正しい言い方だし、何よりすっきりしています。

この「〜のほう」という言葉は、特に若い人の間でよく聞かれますが、あきらかに意味のない、無駄な言葉なので注意しましょう。

また、「後ほどあらためてお電話するという形でよろしいでしょうか」というのもよく聞きます。

「〜という形で」というのも、何の意味もない言葉です。場合によっては、「何かほかの形があるのですか?」と勘繰りたくなります。

これらの無駄な言い回しは、使っている当人には悪意はなく、むしろ丁寧に言おうという気持ちの表れかもしれません。

しかし、言われたほうにしてみれば、その意味を深読みしたり混乱したりすることもあるので余計な言葉は言わないようにしたいものです。

「わたくし」がすんなり言えるようになれば一人前

自分を指す時、男性なら「ぼく」、女性なら「わたし」が一般的です。しかし社会人としては、ぜひ「わたくし」と言えるようになりたいものです。周りの人に誠実でスマートな大人の印象を持たれ、「この人は一人前だ」と思われるからです。

また、言っている本人についても「1人の人間として、きちんと自覚を持って行動しよう」という気持ちが湧いてきます。

たったひと言ですが、「わたくし」の効果は絶大なのです。

しかし、実際に口に出してみるとなんだか気恥ずかしくて、なかなか口に出しにくいものです。また、いきなり「わたくし」を使っても、ほかの部分が今までどおりでは「わたくし」が浮いてチグハグになってしまいます。

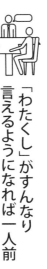

じつは、コツがあります。話し方全体を丁寧にすればいいのです。

たとえば、「ぼくが説明します」であれば、「説明します」を「説明させていただきます」とします。しかし、そこだけ丁寧にすると、全体のバランスが悪くなり、言いにくくなります。

そこで、「ぼくが」を「わたくしが」に変えて「わたくしが説明させていただきます」にするのです。これだと、スラリと口に出ます。

では、「ぼくが確認するので、鈴木さんは待っててください」ではどうでしょうか。この「ぼく」を「わたくし」にして、全体を自然な言い方にしてみます。

まず「確認するので」は「確認しますので」、「待っててください」は「お待ちください」と言い換えます。さらにもうひとつ、「鈴木さん」を「鈴木様」にすると、相手をより大切にしている印象になります。

そこで、全体を言い換えると「わたくしが確認しますので、鈴木様はお待ちください」となります。つまり、敬語を使って全体を丁寧にすることで「わたくし」のよさが活かされるのです。

ふだんから使えるようにしておきたい〝日常の敬語〟は3つ

「日本語はとても難しい」という外国人が大勢います。その日本語の難しさの要因のひとつが敬語です。

同じ意味の言葉でも、目上の人に対しては敬語を使うという国は世界でも珍しいのです。

ただ敬語が難しいのは日本人にとっても同じで、完璧に使いこなせる人はなかなかいません。しかし、だからこそ敬語を正しく使って、それを自分の強みや武器にしたいものです。

難しく考える必要はありません。最低限3つの言葉の使い方をマスターすればいいのです。自分の日常生活を思い返してみて、最もよく使う言葉は何かを考えてみてください。

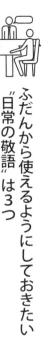

たとえば、「今日行きます」は、「本日うかがいます」になります。同じように、「さっきはどうも」は、「先ほどは大変失礼しました」、「それは知らないです」は、「それについては存じません」です。

「わかりました」なら、「承知いたしました」、あるいは「かしこまりました」と言い換えます。

ふだん、よく使う言葉について自分でだいたい3つくらいを選んで、まずはそれらを完全にマスターし、使いこなせるようにしましょう。

それが自分のものになったら、また新たなレパートリーを増やしていけばいいのです。

たった3つでも、間違いなくきちんと使えば周囲の目も変わってきます。教養豊かでスマートなビジネスパーソンに見られるはずです。

特に年配の人に多いのですが、言葉遣いは人間性を見る大きな評価ポイントになります。言葉が正しくきれいな人は、それだけで一目おかれます。

社会人なら身につけておきたい必須ビジネス慣用敬語10

敬語の中には、一種の決まり文句のようなものがいくつかあります。

ふつう「慣用敬語」といいますが、ふだんからよく使われていて、頭の中に入れておけばいろいろな場面で使えるので便利です。

新しく社会人になった人であれば、10個も覚えておけば丁寧な言葉遣いをする「大人」として見られるはずです。

まず「いつも大変お世話になっております」は、礼儀の基本です。たとえふだんからお世話になっていない相手であってもこの言葉は大切です。

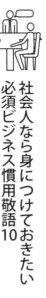

いろいろな言葉の頭につけると、それだけで丁寧になるのは「お手数ですが」「恐れ入ります」です。いずれも、相手をねぎらう思いやりの気持ちが伝わります。

電話の対応で使いこなしたいのは、「少々お待ちください」です。相手を待たせるのですから、まずはきちんと恐縮の気持ちを伝えます。

そして電話に戻ってきたら、「大変お待たせしました」で会話を再開します。

もしも取り次ぐべき人物がいない時は、「あいにく席を外しております」と伝え、「折り返し、ご連絡差し上げます」でいいでしょう。

話したかった相手が不在なので、相手は気を悪くするか困っているかもしれません。それを考えて、ことさら丁寧に告げたいものです。

また、謝る場合には「申し訳ございません」、了解した場合には「かしこまりました」が適切です。

名刺をもらった時は「頂戴いたします」と言えば、相手との気持ちのいいコミュニケーションが保てるでしょう。

これで10個になります。重要なのは、これらを表面だけの言葉遣いで終わらせず、その言葉にふさわしい気持ちを込めることです。

感謝の気持ちや謝罪の気持ち、いたわりやねぎらいの気持ちなど、感情が伴ってこその言葉です。それを忘れないようにしたいものです。

そもそも「お見えになられた」はどこが間違いなのか

何度も言うようですが、敬語の使い方は難しいものです。なかには間違っているのに気づかれないで、多くの人がふつうに使っている場合もあります。

よく聞くのは、「社長がおっしゃられた」です。敬語の「られた」をつけたくなるのはよくわかりますが、シンプルに「社長がおっしゃった」で十分です。

同じような例に「お行きになられた」があります。「行く」を、さらに丁寧にしたつもりでしょうが、間違いです。正しくは「行かれた」です。

もうひとつ、よく耳にする言い方ですが、「社長がお見えになられた」があります。これは正しいのでしょうか。もし間違っているとしたら、どこをどう訂正すればいいのでしょうか。

これは、ふたつの敬語が重なって使われているので誤りなのです。このように、ふたつの敬語が使われることを「二重敬語」といいます。

丁寧にしたい気持ちが強いあまり、二重敬語になることがよくあるので気をつけたいものです。

ところで何が二重かというと、まず「お見えになる」という敬語があり、それに「なられる」がくっついてるということです。

正しい言い方は「お見えになる」です。あるいは「いらっしゃる」でも大丈夫です。要は、丁寧すぎてはならないということです。

なお、ふたつ以上つながった敬語が、接続助詞である「て」でつながっている、いわゆる「連結敬語」は間違いではありません。

たとえば、「(上着を)お召しになっていらっしゃる」は、「着ている」という意味の「お召しになる」と、「いる」の意味の「いらっしゃる」が連結していまず。接続助詞が入ることで正しい言い方になるのです。

一瞬「あれ?」と思いますが、間違いではないので気をつけてください。

「お」と「ご」をつければ丁寧になると思っていませんか

言葉の冒頭に「お」や「ご」をつけると、丁寧な言い方になるというのは誰もが知っていることです。ただし、それを正しく使いこなすのは意外と難しいものです。

基本的には「お」「ご」は尊敬語ととらえ、相手がすることや相手のものを指す場合に使うのが一般的です。

たとえば、相手の住所は「ご住所」ですが、自分の場合は「住所」のままです。

相手の意見が欲しい時には「ご意見をいただけますか」と言います。

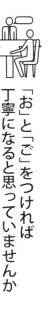

また「お許しください」という場合も許すという行為をするのは自分ではなく、相手のほうです。だから「お」がつきます。

さらに、相手が確認することをお願いする場合には「ご確認ください」と言いますが、自分が確認する時は「確認させていただきます」となります。

注意したいのは、丁寧に言おうと思って「お電話してください」と言う人がいますが、この場合「して」は不要で、「お電話ください」が正しいのです。

同じように、「ご利用してください」ではなく「ご利用ください」、「ご説明してください」ではなく「ご説明ください」となります。

また、「お」と「ご」を複数使う場合もあります。「お忙しいとは思いますがお体にお気をつけてお過ごしください」という場合には、「お」が重なりますが、間違いではありません。

ちなみに、「先生がお書きになられたご本」という場合には、「お」と「ご」の両方が入っており、こういう場合も少なくありません。「お手数おかけしますが、ご確認ください」もそうです。

むやみに「お」「ご」を頭につけるのではなく、正しいつけ方と、それに続く文章を間違えないように気をつけたいものです。

「大丈夫です」を使うと、途端に子どもっぽい印象に

敬語の使い方で、つい間違ってしまう代表格が「大丈夫」です。

たとえば上司に「この計算は合ってるかな」と言われて、つい「これで大丈夫です、正しいです」と答える人も多いでしょう。

ところが、「大丈夫」という言葉は敬語ではなく、むしろ上から見下ろした言い方なのです。だから、目上の人に対してはけっして使うべきではありません。

しかも日常会話の中では、とてもあいまいな意味になることもあります。

たとえば、「この書類、捨てますか?」と聞かれた時、「大丈夫です」と答える人がいますが、しかしよく考えたら、「捨てても大丈夫です（だから捨ててください）」ともとれるし、「捨てなくても大丈夫です（捨てる必要はないから捨てないでください）」ともとれます。

つまり「大丈夫」は、場合によっては肯定的にも否定的にも使われる、わかりにくい言葉でもあるのです。

そこで、そのような誤解を避けて、しかも敬語として正しくなるように別の言い方を考えます。

もしも上司に「この計算は合ってるかな」と聞かれたら、「特に問題はございません」「これで間違いはございません」と返します。これだと、計算が正しいことを丁寧に伝えることになります。

また、たとえば上司から「打ち合わせは3時からでいいんだよね」と確認されたら、「それで大丈夫です」ではなく、「3時からで間違いございません」と返します。

「あの人の名前は中村さんでいいよね」と聞かれたら、「はい、中村様で間違いありません」と答えるようにします。

何が間違いないのか、何が正しいのかをあらためて自分が発言することで確認すれば、相手にとっては大きな安心にもなります。

あいまいな「けっこうです」は使用禁止の大人語

たとえば、得意先に行って話をする前に「コーヒーでよろしいですか？」と聞かれた時、「けっこうです」と答えることはありませんか。

じつは、この「けっこうです」は、受け取り方しだいでＹＥＳにもＮＯにもなります。もしかしたら、まったく逆の意味にとられることもあるのです。

つまり、「コーヒーでかまいません。いただきます」の意味かもしれないし、「コーヒーはいりません。ほかのものをお願いします」かもしれないからです。

つまり「けっこうです」は、禁句にしたほうがいいのです。コーヒーにするかしないかの判断で済めばいいですが、これが大きな契約の話などで、自分の意図とは真逆のことが伝わると大変なことになります。

ＹＥＳかＮＯかは明確に伝えたいものですが、日本語にはこのように曖昧なも

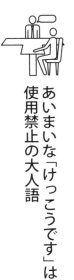

のの言い方が少なくありません。

たとえば、「これはやめた方がいいですよね」と聞かれた時、「うちはいいです」と答えると、「はい、うちはやめます」とも受け取れるし、「いいえ、うちはそれでいいので、やめません」とも受け取れます。やめるか、やめないのか、はっきり伝えなければ大きな誤解につながります。

あるいは、「この金額でいいですか」と聞かれた時に「そうですね」と返すと、「そうですね、その金額でOKです」の意味になりそうですが、しかし、トーンによっては、「そうですねえ、どうでしょうかねえ」と、ためらったり疑問を持ったりしているようにも聞こえます。

「そうですね」を使う時には、状況や言い方に十分に気をつけなければならないのは明白でしょう。

「自分はこういう意思を伝えたつもりだったのに、なぜか伝わっていない」ということがないように、相手の言ったことを繰り返すなどして誤解が生じないように気をつけたいものです。

「いかがでしょうか」をつければネガティブな印象が消える

人と話す時は、なるべく明るく前向きで、相手に対してポジティブな印象を与えたい…、誰もがそう考えます。特にビジネスシーンでは、そのほうがいい結果につながることが多いはずです。

ところが、同じ発言でもたったひとつの言葉がつけ足されることで、相手にネガティブな悪印象を与える場合があります。

「でも」「だけど」などの否定的な言葉をはじめ、「だって」という言い訳をする時の言葉、そして「どうせ」という開き直りに受け取られる言葉です。

それらを聞いているほうは、あまりいい気持ちはしません。つい、後ろ向きな気持ちになり、うまくいくはずの話が途中でつまずいてしまうこともあります。

それらの言葉はできるだけ使わないに越したことはありませんが、しかしどうしてもという場合、ネガティブなイメージを和らげる言葉として活用したいのが、「いかがでしょうか」です。

たとえば、「だって、前はそう言ったじゃないですか」と言いたい時は、「確かそういうお話だったと思いますが、いかがでしょうか」と言い換えます。相手にイヤな思いをさせることなく、自分の主張を持ち出すことができます。

また、「どうせうまくいかないです」のケースでは、「かなり難しいと思うのですが、いかがでしょうか」と言い換えます。

最後に「いかがでしょうか」とつけることを前提にして全体を言い換えると、ネガティブな内容もむしろ前向きなイメージになるのです。

相手の言葉をすべて否定すると、まとまる話もまとまらなくなります。相手の立場や事情を尊重し、一度は受け止めて、それでもなお新たな提案を「いかがでしょうか」という形で相手に示すということです。

断る時は「あいにくですが」と代案で切り抜ける

相手の希望や期待に沿えない時、「あいにく」という言葉を使うことがあります。よく耳にするのは電話の応対でしょうか。

この時「今、○○はおりません」というよりは、「あいにくと、只今○○は席を外しております」と応えるほうが、相手に対して申し訳ないという気持ちが伝わるものです。

この「あいにく」という言葉、ほかの場面でもうまく使えば、気まずい空気になりがちな会話をふんわりと和らげてくれます。

たとえば、相手が希望してきた日時が、どうしても都合がつかない時がありま す。だからといって、「その日は無理です」「だめです」という強い言い方をすると気まずくなってしまいます。

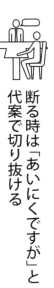

そこで「あいにくとその日は先約が入っておりまして、代わりに、この日ではいかがでしょうか」と、申し訳ない気持ちを伝えた上で代案を出せば、気まずさを避けることができますし、相手も不快にはならないはずです。

それだけでなく、自分のスケジュールの都合に合わせてもらうこともできます。つまり、暗に自分のペースでものごとを進めることができるのです。

あるいは、「ぜひ○○部長とご一緒にお越しください」と言われたのに、部長が不在のことがあります。

そんな場合には、「あいにくと、その日○○は出張中ですので、大変恐れ入りますが代わりに△△が伺います」と言えば角が立たないし、○○部長の顔をつぶさなくて済みます。

大切なのは「代案」を出すということです。

「あなたの意向や希望を尊重しています」ということを伝えるために、代案を出すことで気まずい空気を一変させ、お互いの心理的な障壁を取り除くことができるのです。

「ホメる」つもりが逆効果になる3つのNGフレーズ

上司からほめられれば、誰でも悪い気はしません。ほめられて伸びるというタイプの人にとっては、きちんと自分の働きを見て、ほめるべき時にほめてくれる上司はとてもありがたい存在です。

逆に、上司の働きぶりを見て、思わず「すごい、たいしたものだ」と感心することがあります。

そんな時は、逆に部下から上司への〝ほめ言葉〟を口にして、きちんとその気持ちを伝えたいものです。

そんな場合、どんな言葉を使えばいいのでしょうか。よく聞くのは、「さすがですね」という言い方です。つい使ってしまう気持ちはわかりますが、じつは自分よりも目上の人をほめる場合にはあまりふさわしくありません。

なぜなら、「さすが」には、「たいしたものだ」「思ったとおりだ」という意味合いがあるからです。つまり、上の者から下の者をほめるニュアンスが強い言葉なのです。

当然「たいしたものですね」「思ったとおりですね」という言い方も禁物です。言ったほうは自然に口に出たとしても、言われたほうは、なんだか上から見下ろされているように感じるからです。

だから「さすがですね」は極力、慎んだほうがいいのです。

では、どんな言葉でほめればいいのでしょうか。

ここは素直に「すばらしいですね」「本当に勉強になります」「頭が下がります」「たいへん良いものを見せていただきました」というように、へりくだった言い方がふさわしいでしょう。

素直な感動と尊敬の気持ちを言葉で伝えたいものです。そうすれば、上司もちゃんと見る目を持った部下であることを認めてくれるはずです。

上司に呼ばれて、こういう言い方をしてはいけない

「○○君、ちょっといいかな」

上司にこう呼ばれた時、どんなふうに応じていますか。

まさか、黙って上司に近づいていき、相手が何か言い出すのを待っているということはないと思います。このケースでは、きちんとリアクションをすべきですが、そのリアクションを間違っている人が案外多いのが現実です。

ここであらためて確認しておくと、最も多い間違いは「何かご用でしょうか」という返答です。

上司は何か用事があったから呼んだのです。つまり、この返答はわかりきったことを言っていることになります。

逆の立場になって考えてみてください。用事があって誰かを呼んだ時、「何か用があるのですか」と答えられたら、「用があるから呼んだのだ！」とつい言い返したくなるでしょう。それと同じことです。

同じようにNGなのは、「お呼びでしょうか」です。

これもまた「呼んだから反応したのだろう」と思われます。「何かご用でしょうか」と同じように、わかりきったことをわざわざ口にしていることになるわけです。

一見、些細なことのように思われますが、相手によってはマナー違反になり、常識のない人間だと判断する人もいるので要注意です。

では、正しい返答は何かというと、それは「ご用件は何でしょうか」「どんなご用でしょうか」です。

これなら相手もすぐに用件を切り出すことができます。しかも、気持ちのいい応対をする人物だと受け止めるはずです。

細かいことかもしれませんが、上司はそういうところをきちんと見ているのです。

さりげなく金額の話題をふる時の〝決め手〟のひと言

お金の話というのは、できれば避けたいという人は少なくありません。

買い物ひとつとっても、最初に「いくら?」と尋ねるのはあまりいいことではないと感じる人も多いでしょう。

日本人には、お金は「不浄なもの」という感覚があり、大きな声で話す話題ではないという感覚があります。

これはビジネスシーンでも同じです。たとえば、ひとつの新しい仕事について先方からはじめて話を聞く時のことを考えてみます。

どんな内容で、どんな計画で、どれくらいの期間で取り組むのか、それらを細かく尋ねたあとで自分から「で、それはいくらくらいかかりますか?」という質問はなかなか切り出しにくいものです。

しかし、当然のことながら、お金は避けては通れない話題です。

そこで、言葉を選んでみましょう。

「いくらになりますか？」「金額はどれくらいですか？」では、あまりにもストレート過ぎます。ましてや、「いくら用意すればいいですか？」は、もっと露骨になってしまいます。

こんな場合、便利なのは「いかほどになりますか？」という聞き方です。「いかほど」は「いくら」を丁寧にした言葉です。

しかし、お金だけではなく、たとえば「彼は、いかほどの努力をしただろうか」「その山の高さはいかほどですか？」というように、いろいろなものの〝程度〟をあらわす言葉です。それだけ意味がぼやけて、「いくら」よりは上品な印象を与えるのです。

ちなみに、金額を尋ねて自分の意に沿わなかったら「それは高いです」とは言わず、「持ち帰って検討させていただきます」と返せば、お互いにカドが立つことはありません。

イヤな印象を与えずに電話を切り上げるための裏ワザ

友だちからのプライベートでの電話なら、「そろそろ切るね」のひと言で済む場合もありますが、仕事の相手となるとそうはいきません。

特に仕事の話で長引くと、むげに中断することもできません。相手の機嫌を損ねる心配もあります。

そんな時のために、いくつかの〝収束ワザ〟ともいえるキーワードを準備しておくといいでしょう。

まず、「上司と相談してから、あらためてご連絡差し上げます」という言い方です。自分の一存では決められない、上司の意見も聞いた上でなければ話ができないということであれば、相手も長々と話すわけにもいきません。

つまり、この電話だけでは結論は出せません、ということを暗に伝えるわけです。

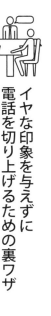

しかし、場合によっては多少の荒業も必要です。

たとえば、「申し訳ありません。別の外線が入ってしまいました。またあらためて連絡させていただきます」と言えば、相手はいやでも話を終わらせるしかありません。

また、話がダラダラと長引いている場合には、「それは、こういうことですね」とか「それは、こう考えればいいですね」というように、自分から話を適宜まとめて結論に近づくように仕向けるのもいいでしょう。これがうまくできればかなり建設的な内容のやりとりになります。

電話では顔が見えないだけに、ちょっとした言葉遣いひとつで相手を不快にしたり、信頼をなくしたりするものです。

そういう意味では、顔は見えなくても相手の顔を思い浮かべて話すことも大切です。

あくまでも相手を傷つけないように、誠実に対応しなければなりません。お互いに気持ちよく切るためには、辛抱と気遣いが必要なのです。

信頼関係を崩さずに注文をつける法

クレームを受けた時の対応は難しいものですが、逆に自分からクレームを入れるのもけっして簡単ではありません。

特に、取引先など仕事の関係先にクレームを入れる時には、お互いの関係が崩れないように注意しなければなりません。

そこで、まず絶対にやってはいけないのは「これは明らかにそちらのミスですよね」「誰がどう見ても、うまくいくはずがありませんよね」「あれほど連絡くださいと伝えたのに、どうしてですか？」などと、相手の非を一方的に攻め立てることです。

これでは、相手に言い訳する余地も与えず、ただひたすら「謝ってほしい」と詰め寄っているようなものです。これまでの信頼関係もなくなるばかりか、もう二度と仕事をしたくないと思われてもしかたがありません。

では、どうすればいいのでしょうか。

まず、感情的にならないことです。あくまでもビジネスの話なので、自分の怒りや苛立ちはグッとこらえます。

そして、慎重に言葉を選ばなければなりません。大切なことは、相手に言い訳するための逃げ場を与えるということです。

たとえば「大変お忙しかったのだとは思いますが…」「ちょっとした手違いだったとは思いますが…」「事情は十分に承知しておりますが…」といった前置きをすることで、落ち度を少しでも軽減するのです。

相手はとても申し訳ない気持ちになっています。だからなおさらのこと、その気持ちに寄り添う姿勢を見せることが重要なのです。

誰が悪いのか、何が原因なのか、それらをはっきり突き止めることも大切です。しかし、それがクレームの目的ではありません。あくまでも次の仕事へ進むための足がかりとするくらいの気持ちでいることが大事です。

クレーム対応で「わかりません」は禁句中の禁句だった！

いろいろな仕事があるなかで、多くの人が苦手意識を持つもののひとつにクレーム対応があります。

クレームを言ってくる人というのは、問題を抱えて感情的になっていることが多く、それを受けるほうも動揺してしまいます。ちょっとしたひと言で相手を怒らせたり、新たな問題になることもあり、かなり神経を使うものです。

特に困るのが、自分ではどう対処していいかわからない内容のクレームです。つい正直に「わかりません」と言いそうになりますが、じつはクレーム対応で絶対に口にしてはならないのが、この言葉なのです。

相手はこちらが何でも知っていると思って苦情を言ってきます。そこで唐突に「わかりません」と言われると、無責任だと受け取られて不信感を与えてしまいます。

それに、なんだか他人事に考えているようにも思えて、ますます怒り出すこともあります。

そこで、自分にはわからない、手に負えない内容だと思ったら、落ち着いて「わたくしの一存では判断できかねます」と答えます。すると相手は、それほど大きな問題なのかと感じるはずです。

そのうえで、「至急お調べして、あらためてお返事を差し上げます」、「上の者と相談しまして、お返事をさせていただきます」といった返答を丁寧に、かつ誠意を込めると納得してくれるはずです。

ただ「わからない」だけでは、解決できる問題もそこでストップしてしまう印象を与えます。それこそ最も避けるべき状況なのです。

わからないのであれば、すぐに次の手段を考えて、それを相手に伝える。それがクレーム対応の基本だと覚えておいてください。

「お連れする」は じつは敬語になっていないって本当？

誰もが当たり前のように使っているのに、じつは、あまり好ましくない言い方や場合によっては失礼な言い方があります。

たとえば、来客を上司の部屋に案内する時に「お客様をお連れしました」と言う人がよくいます。一見、とても丁寧に聞こえますが、じつは聞く人によってはよくない印象を抱きます。

「連れて」という言い方には、「本当はあまり行きたがっていない人を無理に引っ張ってくる」というニュアンスがあります。

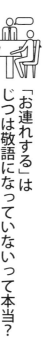

しかも「連行する」「連れ回す」というイメージを持つ人もいます。いずれにしてもよくない印象です。

そこで、「お客様をご案内しました」という言い方にします。このほうが失礼な感じがなく、聞いていても気持ちがいいのです。

あるいは、「お待ち申し上げておりました」という言い方があります。これだととても丁寧な言い方に思えるし、通常のケースであれば間違いではありません。

しかし、もしも待っていた相手が遅刻してきた場合ではどうでしょうか。

「いやあ、ずいぶん待っていましたよ」とも受け取れるこのケースでは、言われた方には皮肉に聞こえます。ただでさえ遅れて申し訳ないと思っているのに、そんな言い方をされたのでは立場がありません。

「お客様をお連れしました」にしても、「お待ち申し上げておりました」にしても文法的には何も問題はありません。

しかし、日常生活の中でしみついた言葉のイメージを考えれば聞いていて違和感があるのです。

そういう言葉は、ビジネスシーンでなくてもなるべく使わないようにしたいものです。言葉は、だれが聞いても心地よいものであるほうがいいのです。

「無理っぽい」を大人っぽく一発変換するとどうなる？

最近よく聞く言葉に「無理っぽい」というのがあります。

若い世代を中心に日常語として浸透しているので、ついビジネスシーンでも口にしてしまいがちです。

仕事の期限が守られず伸びてしまいそうな時や、先方が提示してきた金額では承服しかねる時、つい「無理っぽいですね」などと言ってしまう人が増えているのです。

いうまでもなく、これは俗な言葉遣いであり、場合によっては先方に対して失礼になるのでビジネスシーンでは避けるべきです。

では、何と言えばいいのでしょうか。

「無理」であることの事情をはっきりと伝えればいいのです。

たとえば、「大変申し訳ないのですが、今週中に仕上げるのは難しいと思われます」、または「その金額では当方としましてはお受けできかねます」と言えば、失礼にはなりません。

これなら、言われたほうも頭ごなしに断られている気はしないし、条件を変えて再度提案してみようという気にもなるはずです。

また、「無理っぽい」の「〜っぽい」という言い方ですが、これが最近とても増えているのです。友達との日常会話程度ならいいのですが、言葉そのものにとても軽い印象があるので、やはり仕事の相手に使うのは避けるべきです。

ほかにも、「それはありですね（なしですね）」や「ほぼほぼ」なども最近よく聞く言葉遣いです。

しかし、これらも親しい人との間ならかまわないのですが、本来ならば敬語を使うべき相手にはあまり使わないほうがいいでしょう。

特に年配の人には失礼である以前に、意味が通じないこともあるので気をつけてください。

断る時にひと言つけ足すだけで好印象になるキーワード

「いりません」「わかりません」…これらの言葉は、たったひと言で言い切ってしまうと、ぶっきらぼうで、そっけないうえ、相手に失礼な印象を与えてしまうことがあります。

たとえば、気を使って「冷たいものでもいかがですか？」と言ってくれたのに、ただ「いりません」ではあまりにもそっけない印象です。

相手に悪い印象を与えないためにも、こういう場合は、ひと言「ありがとう」をつけ足せばいいのです。

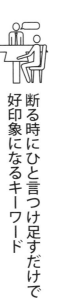

「いいえ、おかまいなく。ありがとうございます」と言えば、断りつつも相手の気遣いに対する返礼も忘れていないのでカドが立たないで済みます。

英語では、よく「ノーサンキュー」という言い方をします。これは、何か親切な申し出があった時、それに対して「いいえ」と断りつつも、同時に「でも、あなたの心遣いに感謝します」という気持ちを伝える言葉です。

「ありがとう」と言われていやな気持ちになる人はいません。仕事でもこのキーワードを積極的に使ってはどうでしょうか。

また、「申し訳ありません」というひと言も、そんなキーワードとして使いこなしたいものです。

たとえば、「この資料は、いついただけますか？」と質問されて、「わかりません」だけでは失礼だし、無責任な印象さえ与えてしまいます。

そこで「ちょっとわかりません、申し訳ありません」と言えば、知らないで恐縮している気持ちが伝わるはずです。

そして、さらに「○○に確認してお知らせします」と具体的な解決法をつけ足せばより誠実な印象を与えられるはずです。

たったひと言ですが、人間関係を一気に改善するキーワードです。ふだんから上手に使いこなしたいものです。

「念のため」と「一応」を同じニュアンスで使ってはいけない

うっかり忘れてしまったことや、どうも記憶に自信がないことはよくあることですが、でもそれを確かめなくてはならないケースというのはよくあります。

たとえば「では、資料をうちの部署あてに送っておいてもらえますか」と言われた時、その部署名がウロ覚えで自信がない。しかし、それがわからなければ送ることができないのでここは確認するしかありません。

こんな場合には、思いきって「念のためにうかがいたいのですが、○○課でよろしいですよね」と聞くわけですが、ここで大切なのは冒頭につける〝念のため〟という言葉です。

この言葉には、「知ってはいますが、もし間違ったら大変なので、あらためてここで確かめさせていただきます」というニュアンスが含まれています。

「まったく知らないわけではない」「完全に忘れたのではない」ということを暗に伝えることに意味があるのです。

自分にいいようにとらえれば、ウロ覚えで自信がないことを悟られないという効果があります。しかし、それだけではありません。

「念のため」をつけることで、逆に「何事もきちんと確認する習慣がある真面目な人物」という印象を与えられます。

ところで、これに似た用途の言葉に「一応」があります。ふだんよく使うのでつい口をついて出てしまいがちですが、じつは使ってはならない言葉です。

先ほどの返答を「一応うかがいたいのですが、○○課でよろしいですよね」にすると、とても曖昧で、いい加減な印象になります。そのうえ、ごまかしているイメージさえあります。

「念のため」と「一応」はたしかに似ていますが、じつはまったく違うニュアンスがあるのです。

万能フレーズの「どうも」は使わないと決めるに限る

日常会話の中でつい使ってしまうフレーズに「どうも」があります。

「昨日はどうも」「これはどうも」などと、気軽に口に出てしまいます。時には、ただ「どうも」だけのこともあります。

これでたいていの場合は通じてしまうのでしかたがないことだともいえますが、しかし、あくまでも親しい間で使うだけにとどめておきたいものです。ビジネスではなおさら禁句だと考えてください。

多くの場合、「どうも」にはそれに続く言葉が省略されています。

「どうもありがとうございました」「どうもいろいろとお世話になりました」「どうもとんだお見苦しいところをお見せしました」というように、ほとんどのケースで感謝や謝罪の意味が込められているのです。

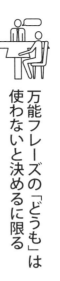

あるいは、久しぶりに会った人に「ああ、どうも」という場合には、「長いことお会いしませんでしたが、お元気でしたか」というようなニュアンスが含まれています。ある意味、親愛の情の表現ともとれます。

こう考えると、「どうも」はとても便利で、使い勝手のいい万能フレーズだといえます。

とはいえ、これはあくまでも省略されたフレーズです。ビジネス関係の相手に対しては、省略しないで具体的な言葉でもって気持ちを伝えるべきです。「どうも」のひと言で済ませてしまえば、相手は当然いい気持ちはしないでしょう。軽く扱われたと感じる人もいるはずです。

何に対するお礼なのか、いったい何を謝っているのか、それをはっきりと言葉に出して伝えたほうが自分の気持ちも確実に伝わります。

ちなみに、「どうもどうも」と何度も繰り返す人がいますが、これなどは相手を小バカにしているようにもとれます。しつこいようですが、ビジネスシーンでは絶対に避けるべきひと言です。

定型フレーズ「お世話になっております」の本当の効用

電話の応対のしかたで、先方の名前を聞いたあとで「○○様ですね、はい、いつもお世話になっております」という言い方をよくします。

ただ、相手のことを知っていればいいのですが、まったく知らない名前の場合は、なかなか「いつもお世話になっております」とは言いにくいものです。

しかし、だからといって「○○様ですね」だけではなんだか中途半端で居心地が悪いものです。さて、どうしたらいいのか悩む人もいるでしょう。

確かに、自分はまったく知らない相手かもしれませんが、会社にかかってきた電話の相手には、心をこめて「いつもお世話になっております」と言うようにしたいものです。

たとえ自分は直接関わりない相手であっても、会社全体として考えると何らか

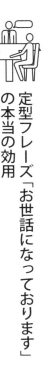

の〝お世話〟になっているはずです。

その会社の代表として電話に出ているのですから、お礼のあいさつをするのは当然です。

また、もしかしたら将来自分が仕事で世話になる相手かもしれません。そう考えれば、どんな相手であっても会社に電話をかけてくる人には、すべて「お世話になっております」と言うべきなのです。

電話だけではありません。上司や同僚に得意先に連れていかれた時や初対面の相手に紹介された時の「はじめまして」の次に、「いつも大変お世話になっております」「いつも○○（同僚の名前）がお世話になっております」などと気遣いをみせたいものです。

そうすることで、相手はあなたを1人の個人として見るだけでなく、会社全体の代表として向き合ってくれるはずです。

「お世話になっております」は、そんな気持ちで使いたい言葉です。

5

「しきたり」

日本人が身につけておきたい基本の教養とは？

慣れない和装を〝それなり〟に見せるプロの技

若い人たちの間でも、着物が流行のおしゃれ着として着られるようになりました。花火大会や夏祭りなどの浴衣はもちろん、冬のおしゃれとしてアンティーク着物などを取り入れる人もいるようです。

ところで、和装にはそれに見合った立ち居ふるまいがあります。スカートやパンツスタイルとは違って、特に足さばきに気をつけなければ着崩れしてみっともないありさまになってしまいます。

着崩れ防止のために欠かせないのが、着付けの際に行う「裾割り」です。帯まで身につけた後に、足を肩幅に開いた状態で膝を数回曲げ伸ばしします。

着物の裾をあらかじめ開いておくことで、歩く時に余裕が生まれて着崩れしにくくなるのです。

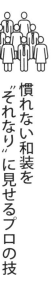

歩く時にもそれなりの意識が必要です。歩幅を小さく、つま先は内向きにして静かに歩きます。大股で歩いたり走ったりしてしまうと着崩れるだけでなく、せっかくの上品な印象が台無しになってしまうからです。

そして手は振らず、肘を軽く曲げて着物の袖の中に腕を引くようにしておくと楚々とした印象になります。

階段の上り下りも着物の裾を意識した足運びが必要です。裾を軽く持ち上げて、かかとではなく、つま先に重心をかけて足を運びましょう。

また車に乗り込む時は、足からではなくお尻から乗るようにします。座席に横向きに浅く腰掛けて裾は軽く持ち上げ、そのまま足を揃えて体ごと回転して座席に座ります。

着慣れない人にとっては洋装よりも窮屈に感じることが多いと思いますが、ちょっとした気配りでふだんの何倍も所作が美しく見えるのも事実です。

せっかく着物を着る機会に恵まれたのですからそれを最大限に生かして和服の似合う人を目指してください。

ギリギリでも十分間に合う 年末年始の「支度準備リスト」

現代の年末年始というのは、カウントダウンや初詣、海外や国内への旅行など、イベントがいっぱいの〝連休〟といった過ごし方が定着しています。

しかし本来の年末年始というのは、五穀豊穣を願って古い年の年神様を送り出し、新しい年神様を迎えるための年中行事のひとつです。

年末年始に欠かせない品というのは、言い換えれば神様に感謝して新年を迎えるために必要なものなのです。

たとえば年末年始の準備として一般的な門松や鏡餅、おせち料理なども年神様に供えるものとして続けられてきた習慣です。時代が変わって生活スタイルが変わっても、その一つひとつに込められた意味を知れば準備にも力が入るというものでしょう。

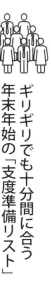

門松には新しい年神様を迎える依代《よりしろ》という意味が込められています。依代というのは祭りなどの時に神霊が依りつく場所という意味です。新年になるとやってくる新しい年神様は門松にその身を移すのです。

また、おせち料理は神様への捧げ物です。煮豆は健康、栗きんとんは豊かさや勝負運、昆布巻きは長寿など、それぞれの料理に新しい年の幸せを願う思いが込められているのです。

鏡餅も同じく神様への捧げ物です。そのため、鏡開きを迎えてその餅を汁粉や雑煮にして食べる時も、刃物を入れるのは縁起が悪いとして木槌で割って食べていたのです。

単なるイベントではなく、旧年の無事を感謝して新年の幸せを願う行事だということを知っていると、年末年始の過ごし方にも違いが出てくるのではないでしょうか。自分で何もかも準備するのは大変ですから、市販のものを購入したり、一部だけ用意するのもいいでしょう。大切なのはそこに込められた気持ちです。心を込めて準備をすれば、いっそう厳かな気持ちになるはずです。

日本人なら知っておきたい暮らしの中の「禊」とは？

日本神話に出てくる有名な神にイザナギノミコトとイザナミノミコトがいます。イザナギ、イザナミと夫婦で語られることが多いのですが、高天原に生まれたこの夫婦神によって、日本列島が生まれたというのがいわゆる「国生み」の神話です。

この神々にはさまざまな逸話が残っているのですが、現代にも残っている日本人のしきたりである「禊」の由来を示すものがあります。

よく、「禊が済んだ」などというフレーズを政治家や芸能人絡みのスキャンダルで、ほとぼりが冷めた頃に使いますが、本来、禊には「穢れや罪を水で洗い清める」という意味があります。

妻であるイザナミを亡くしたイザナギは、妻を取り戻すために死者がいる黄泉の国に出かけていきます。イザナミが地上に戻ることを黄泉の国の神に掛け合っている時、「けっして目を開けてはいけない」と言われていたにもかかわらず、イザナギは目を開けてしまいます。そして、体中にウジがわき、雷神がとりついたおぞましい姿の妻の姿を見てしまったのです。

驚いたイザナギは地上に逃げ帰り、黄泉の国の穢れを払うために川で身を清めます。これが「禊」であり、以降、穢れを払って身を清める行為を「禊」と呼ぶようになったのです。

神社などに参拝する時、境内の入り口近くには必ず水を張った手水舎《ちょうずや》が設置されています。ここで柄杓に水を汲み、手や口を注いで禊を行うのが参拝の手順です。禊によって外界の穢れを払い、神社という神に近い領域に足を踏み入れる準備をするのです。

この行動をふだんの生活に当てはめれば、外から帰ってきたら手を洗うという行為が何か特別なものに思えます。衛生的な意味とは別に、外界の穢れを払うと考えれば、いつもより丁寧に洗う気分になるのではないでしょうか。

神社は「二礼二拍手一礼」、では寺は？

初詣などで神社仏閣を訪れた時、ふと疑問に思うのが参拝のマナーです。神社と寺では、神道と仏教という宗教の違いがあり、参拝の方法も違ってきます。つい、前にいる人の真似をすればいいかと思いがちですが、ここでそのマナーの違いをしっかりと身につけておきましょう。

まず神社ですが、基本的には「二礼二拍手一礼」です。拝殿や本堂を向いて2回礼をし、2回拍手をします。正式には礼の角度は90度、拍手は胸の高さで行います。

そして心の中で祈願を唱え、最後に1回礼をして終わります。祈願する時は自分の名前と住所も一緒に唱えます。これは、神様に自分がどこの誰なのか正確に伝えるためです。

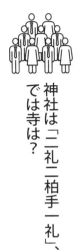

一方の寺では、参拝の際に拍手は行いません。鈴がついていれば3回鳴らしてから本尊に向き合い、静かに両手を合わせて祈願します。最後に手を合わせたまま一度礼をして終わります。寺の場合は、参拝は功徳を積む行為で、修行の一種として位置づけられています。

また、神社では鳥居、寺では山門をくぐる時に一礼します。特に神社では鳥居の敷居を踏んではいけない、参道の中央は神の通り道なので歩かないようにするなどのマナーがあります。

神社にしても寺院にしても、そこが人間ではなく神や仏の領域であるということを肝に銘じておく必要があります。

現代の日本人の場合、季節的なイベントや観光の一環として神社や寺院を訪れる人のほうが多いのかもしれません。

それでも、訪れる以上はそこのしきたりを知っておいたほうがよいでしょう。

そもそも正月に餅を食べるのはどうしてか

米を主食にしてきた日本人にとって、米からできた餅は特別な時に食べるハレの日の料理でした。そして、その餅が欠かせないのが正月です。

正月というのは新しい年を迎え、五穀豊穣を祈り、年神様を迎える大切な年中行事です。その正月に食べる餅には、単なるハレの日というだけではない大切な意義があります。

正月に食べる餅は、年末に餅つきをして用意していました。つき上がったものを丸めて鏡餅をつくり、神様に供えたのです。そして新年の鏡開きを済ませた後、雑煮や汁粉にして餅を食べます。

鏡餅には神様への捧げ物という意味に加え、その捧げ物をいただくことで神様のパワーを分けてもらいたいという願いが込められているのです。

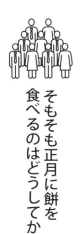

また、平安時代に始まったとされる宮中行事に歯固めの儀というものがあります。これは三が日に固いものを食べて長寿と健康を祈るというものですが、そこで食べられたのが大根やイノシシの肉、干し柿に加えて餅なのです。

つまり、正月に餅を食べるのは、健康と長寿を願う祈りの儀式の名残でもあるのです。

さらに、正月行事なので子どもたちが最も楽しみにしているお年玉も、餅とは切っても切れない関係があります。

じつはお年玉は、もともとは小さくした鏡餅をその家の主人が家族に分け与えるものでした。これも、年神様に供えた鏡餅を分け与えることで、そのご利益にあやかりたいという気持ちが込められていたのです。

餅は特別な食べ物として日本人の生活とは切っても切れない関係にありました。現在では餅つきをする家庭も少なくなってしまいましたが、鏡餅や鏡開きなどの行事の意味を知ることで、昔の日本人がそこに込めた思いを受け継いでいくのも大切なことなのではないでしょうか。

大人ならおさえたい「正月飾り」のキホンの常識

「鏡」というのは古代の日本人にとってとても神聖なものでした。その鏡にまつわる不思議なエピソードや逸話は枚挙にいとまがありませんが、最も有名なもののひとつは天岩戸《あまのいわと》の中に身を隠してしまったアマテラスオオミカミを誘い出すのに鏡が使われたという神話でしょう。

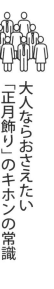

また、邪馬台国の女王だった卑弥呼が、神の託宣を受ける儀式で使用したといわれる「三角縁神獣鏡《さんかくぶちしんじゅうきょう》」と呼ばれる種類の銅鏡が古墳時代前期の古墳から数多く出土しています。卑弥呼は神と会話できる巫女であり、銅鏡を使った不思議な力を使って古代の邪馬台国を治めていたというのです。

鏡が霊的な力を持つと考えられていた理由は今となっては推測することしかできませんが、光を反射し人や物の姿を映すという表面の輝きが、古代の人々にとっては神秘の象徴のように思えたのかもしれません。

その鏡を模したといわれているのが、鏡餅です。鏡餅は年神様に捧げるために年末の餅つきで作られ、年が明けて鏡開きを迎えたら、木槌で砕いて雑煮や汁粉にして食べられてきました。

餅という食べ物にはそもそも特別なハレの意味が込められているのですが、古い年を終え、新しい年の神を迎える大切な行事である年末年始の時期は、その餅をさらに特別なものにするために、神秘の象徴であった鏡を模した鏡餅がつくられるようになったのです。

このことからも日本人がいかに年末年始の年中行事を大切にしていたかがわかります。鏡餅をはじめとした正月飾りは、単なる時節の雰囲気を出す道具ではないのです。

忘年会や新年会で飲んで騒ぐだけでなく、正月の支度を整えて新しい年を神聖な気持ちで迎え、よい年になるように思いを込めて過ごすのもいいのではないでしょうか。

「七五三」のイベントは、どこまで簡略化していいの？

子どもの成長を祝う儀式として行われているもののひとつに、七五三があります。地方によって細かい形式は異なるようですが、一般的に女児は三歳と七歳、男児は五歳で儀式を行うところが多いようです。

ところでなぜ三歳、五歳、七歳なのかというと、昔はこの年齢の頃に命を落とす子どもたちが多かったからです。

現在のように医療は整っていないうえ、飢饉などが起これば体力のない子どもたちは真っ先に命を落としてしまいます。

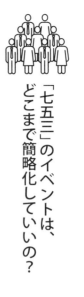

そこで、七五三の儀式を行って祈祷を受けることで子どもの健康を願い、命を守ろうとしたのです。

現在では特に女児の七五三は華美になる一方で、着物のほかにドレスやコスプレのような衣装を身に着け、豪華なアルバムを作る家庭もあるようです。着飾った幼い子どもたちを写真に残しておきたいというのは、昔とは違う目的であっても子どもに対する愛情があってのことでしょう。

とはいえ、本来の七五三の意味を考えれば、ことさらに着飾らなくても十分儀式を執り行うことはできます。

神社仏閣では、10月から11月になると七五三詣での祈祷を受け付けてくれるところが多くなります。この祈祷は、当然のことながら着物を着ていなくても受けることができるのです。

ふだんより少しフォーマルな服を着て、家族で祈祷を受けるだけでも本来の目的は果たすことができます。子どもたちが今日まで無事に過ごしてきたことに感謝して、行く末に幸あれと願う家族の思いが七五三の儀式に込められた本来の意義なのです。

形式にこだわることはありません。いつの時代も親が子を思う気持ちに変わりはないのです。

「直会」ってきちんと読めますか？知っていますか？

「直会《なおらい》」という言葉をご存じでしょうか。これは、神様に供えた後で人間が食べる食べ物のことを指しています。

神事の後の宴会のことを指して直会というのだと思っている人が多いかもしれませんが、厳密には神様に供えた飲食物もしくはそれをいただくことをいうのです。

たとえば、夏祭りなどで神様に供えた酒や食べ物を祭りの後の宴会で皆で飲み食いしたり、神棚に供えたお菓子を下げた後に食べることも直会をいただくことになります。

現在では、祭りの後に飲んだり食べたりすることは、単純な楽しみの意味が強くなっていますが、本来はその宴会そのものも神事に伴う行為であり、重要な意味があったのです。

また、直会という言葉には「通常に戻る」という意味が込められているといわれています。

祭りというのは神に奉納する神事です。祭りの後で供え物をいただくのは、神の力のおすそ分けにあずかるということに加え、日常の生活に戻るための大切な儀式なのです。

葬儀の後で飲み食いをするのも同じような意味があります。仏式では「通夜ぶるまい」ともいいますが、個人の供養をするとともに死の影を祓い清め、通常の生活に戻るために宴を催すのです。

日本人の日常生活には、特に意識をしていなくても宗教的な意味合いが込められた儀式が受け継がれています。単なる楽しみの場として参加するのもいいですが、折に触れ、その意味を考えてみるのも人生に深みを増してくれるのではないでしょうか。

これだけは知っておきたい「神様」の常識

神を祀る神社では、神は御神体に宿っているとされています。とはいえ、仏式の寺院に祀られている仏像のようなたぐいのものは神社にはありません。

神社で祀られている御神体で一番ポピュラーなのは鏡です。

前述のとおり、鏡は不思議な力を持つものとして、古代の指導者たちが行う宗教儀式などで使われてきました。単なる道具という域を超えて鏡そのものも信仰の対象になるほど、神秘的なものとして考えられてきたのです。

鏡のほかにも、勾玉《まがたま》、剣、石、弓矢など、御神体として祀られるものはさまざまです。それらの御神体は本殿の奥に厳重に祀られていて、よほど特別な機会がない限り神の最も近くで仕える宮司であっても目にすることはできないといいます。

また、御神体が神社の外にある場合もあります。それは、山や滝などの自然そのものが御神体として信仰の対象になっているところです。

なかでも有名なのは、奈良県の三輪山を御神体とする大神《おおみわ》神社です。大神神社には本殿がなく、拝殿から鳥居を通して三輪山を拝む形になっています。

神域である山に入るのには厳密なルールがあり、単なる登山ではなく神の領域にいるのだということを実感させてくれるのです。

八百万の神という言葉があるように、古代の日本では万物に神が宿ると信じられていました。

これはアニミズムと呼ばれる宗教観で、いわゆる神という存在だけでなく、自然界にあるものすべてが崇拝の対象になっていたのです。

山などの自然物が信仰の対象になっているのもこの宗教観によるものです。御神体が神の像ではなく自然物や身近な道具であるのも、日本の原始社会から続く独自の宗教観が理由だといえるでしょう。

狛犬、絵馬…神社にいる「いきもの」の由来をひもとくと

神社にまつわるものには、動物がモチーフとなっているものも少なくありません。その代表格ともいえるのが狛犬の像です。

狛犬といっても、いわゆる犬でないことはその姿形から容易に想像することができます。

狛犬はインドやオリエント地方発祥の神獣像といわれており、王を守るために置かれたライオンの像がルーツとされています。

その像がインドから中国に伝わった際に獅子の像になり、それがさらに日本に伝わった時に身近な動物だった「犬」と解釈されました。

神社の参道や拝殿の近くに置かれている狛犬の像は、多くの場合、対になっていて、片方の像の口は「阿《あ》」の形に開かれ、もう片方は「吽《うん》」の形に結ばれてい

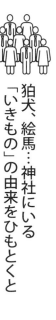

ます。

　伝来当初は、阿の口をした像には角がありましたが、時代を経るうちに簡略化され、2体の角のない対の像になりました。

　狛犬には魔除けの力があるとされ、中国から伝来した当初は宮中を守るものとして御所などに置かれていました。それがいつしか神を守る役割を与えられ、神社の参道や拝殿の前に設置されるようになったのです。

　また、参拝客が願いを書いて奉納するのが絵馬です。多くの神社では毎年干支にちなんだ図案や縁起物が描かれた絵馬を用意していますが、馬とは関係ないモチーフのものも多いのになぜ「馬」なのでしょうか。

　じつは、絵馬のルーツは生きた馬を供物として神に捧げていたことにあります。それが木や鉄でできた馬の像になり、板に書いた馬へと変化し、現在の絵馬の形になっていったのです。

　昔の日本では動物と人間の距離は今よりももっと近く、神事にも欠かせない存在でした。その名残が、現在にも色濃く残っているというわけなのです。

どうしてお稲荷さんといえば　キツネなのか

昔からキツネは神様の使いとして物語の中などで語られてきました。里山で暮らすキツネは人間との接触も多く、そのせいかキツネにまつわる伝説や民話も多く語り継がれています。

特に関わりが深いのが稲荷神社で、境内には神の使いとしてキツネが祀られています。

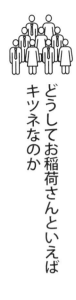

俗説ではキツネの好物が稲荷揚げなどと語られているため、稲荷神社とキツネの関係が深いことも当然に思えてしまいますが、じつはもともと稲荷神とキツネには何の関係もないのです。

では、たくさんの動物の中で、なぜキツネが稲荷神の使いとされているのかということには諸説あるようですが、豊穣の神である稲荷神は春先にやってきて秋になると山に帰っていくとされていて、それがキツネの習性と似ていたというのが有力なようです。

また、稲作が始まる前の狩猟社会では、オオカミが神の使いとされていたのですが、時代とともに生活様式が変わり農耕が生活の中心になると、いつの間にかキツネがそのポジションにおさまっていたのです。

勘違いされがちなのですが、稲荷神社に祀られているのはあくまでも豊穣の神である稲荷神で、キツネはそれを守る眷属《けんぞく》です。キツネ自体が神というわけではありません。

ただ、キツネは「人間を化かす」というイメージから神秘性を増していき、霊力の高い動物として畏敬の対象になっていきました。

祟る、化かすなど、悪いイメージで語られてしまうことも多いキツネですが、そのことが霊力が高いという印象にもつながって、神とともに祀られるような存在になっていったのです。

家にある「神棚」には どんな意味があるのか

神棚を祀っている家庭は今ではだいぶ少なくなりましたが、店舗やオフィスなどでは神棚の存在はまだまだ健在です。

神棚には神社そのものというような細かい細工が施されていて、そこは神域という位置づけになります。そのため、新しく設置する際には場所にも決まりがあることを覚えておきましょう。

まず、室内全体が見渡せて明るく清潔な場所を選びます。向きは東か南向きで、人間の目の位置よりも高いところに置きます。

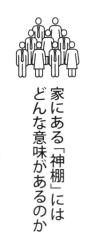

神棚には「一社造」と「三社造」があり、扉の数が1つと3つという違いがあります。その扉の中にお札を納めるのですが、その納め方にもルールがあります。

神棚に納めるお札は、伊勢神宮から頒布される護符である神宮大麻、氏神の札、特に敬っている神様を祭る神社を指す崇敬神社の札があります。

必ずしもすべてのお札を祀らなければならないということではありませんが、仮に3種類すべてを納める場合、場所が決まっているのです。

一社造の場合は奥から順に崇敬神社、氏神の札、そして一番手前に神宮大麻の順に納めます。

三社造の場合は中央の扉に神宮大麻、向かって右の扉には氏神の札、左側には崇敬神社の札を納めます。

神社と同じ神域になる神棚に対しては、神道の作法に則った扱いが必要です。榊《さかき》や灯明、しめ縄は当然のこと、供え物として米や水、塩なども欠かしてはいけません。

たとえ小さくても神社の形を模した神棚は神のいる場所であり、その祀り方には細かい決まりがあります。そのルールを守ることが神様に対する畏敬の念を表すことになるのです。

紅白の垂れ幕には どんな意味があるのか

かつて「色」は単なる好みではなく、地位や格式を表す重要な意味を持っていました。

たとえば中国で最も格式が高いのは黄色で、これは皇帝だけが使うことを許された色でした。

古代の日本で最も格式が高いのは紫で、推古天皇が定めた冠位十二階によれば紫の冠は最も位が高い人物がかぶるものでした。

このように色が表す意味は国によって違うことが多いのですが、紅白まんじゅうや紅白の垂れ幕など紅白が慶事を表すのも日本独特の文化です。

白は「清浄」や「高潔」、「純粋」などの意味を持ち、日本では神の世界を表す色として最も格式が高いものとされています。

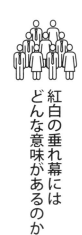

そこに組み合わせる赤は、中国の陰陽思想が由来であるというのが有力な説です。中国では赤は陽を表すおめでたい色とされ、結婚や出産などの祝い事は「紅事」と呼ばれています。

何事にも中国の影響を受けてきた日本では、このことから赤を慶事の色として取り入れることになりました。

つまり、紅白の組み合わせは、日本文化と中国文化を組み合わせた古代の日本らしい色彩感覚なのです。

ただし中国の人にとって白は喪の色であり、不吉なイメージを持たれています。日本では、結婚式で花嫁が身に着ける服の色は白で、葬儀の際に死者が身に着ける服の色も白です。真逆の場面で身に着ける色が同じというのは考えてみれば面白いことかもしれません。

とはいえ、結婚式も葬儀も、神様の前に出るという点では共通しています。神の世界に近づく場面で白を身に着けるのは、日本の文化的背景に照らしてみても理にかなったことといえるのかもしれません。

地鎮祭、棟上げ式…家づくりをめぐる行事の大疑問

家やビルを建てる時に行う地鎮祭や、基礎部分ができた後で棟木を上げる時に行われる棟上げ式は、工事の安全や建物が無事に完成することを祈願して行う神事です。

建設現場では一歩間違えば大怪我につながる作業も多く、伝統的な神事は廃れることもなく今も受け継がれています。

なかでも、地鎮祭は工事を始める時に真っ先に行う行事です。

まず、地ならしをした土地に青竹を立ててしめ縄を飾ります。そして、土地や田畑の守り神である大地主神や、その土地で信仰されている神を祀ったうえで、土地に手を加えることへの許しを請いながら工事の安全も祈るのです。

また、棟上げ式は上棟式とも呼ばれ、建物の基礎部分ができたら行う儀式です。

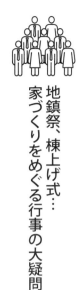

棟上げ式で祀るのは、建築に関わる神と地域の神様です。工事が事故なく安全に行われることや、完成した建物が長持ちするようにという願いが込められています。

地鎮祭や棟上げ式を行うことは法律上の義務ではありませんが、安全祈願という意味合いの儀式であるため、多くの場合は神職を呼んで執り行っているはずです。

ただし、その儀式は簡略化されていて、地方によっては伝統的に行われていた餅まきなどは年々減ってきています。

棟上げ式で餅を拾ったなどという経験がある人も少なくなっているのではないでしょうか。

しかし、儀式の形は変わったり簡単になってはいても、工事がどうか無事に終わってほしい、大切な家が長持ちしてほしいという願いは、今も昔もそれに関わる人たちに共通する切実な願いなのです。

のし袋の「水引」の見えざるルールとは？

結婚や出産の祝い金、葬儀の際の香典などを入れるのがのし袋ですが、ふつうの封筒と大きく違うのが「水引」の存在です。

安価なものであれば水引がプリントされているものもあるのですが、これは雑な印象を与えてしまうので、どうしてもほかに用意できない場合を除いてはできるだけ避けた方が無難です。

水引は単なる飾りではなく、その結び方や色に大きな意味がある伝統文化だからです。

まず、結び方には大きく分けて2種類あります。ひとつ目は「結び切り」で、その結び目は固く、簡単にほどけることはありません。

ここには「繰り返さない」「一度きり」という意味が込められています。このため、結婚や葬儀、お見舞いなどにはこの結び方の水引を選びます。

ふたつ目は「蝶結び」で、結び目は簡単にほどけます。こちらは何度繰り返しても良い出産や新築祝いに使われます。

覚えておきたいのは慶事の中でも結婚だけは「結び切り」で、それ以外は「蝶結び」だということです。慶事は何回繰り返してもいいものですが、結婚はそうなってしまっては都合が悪いからでしょう。

また、水引の色ですが、結び切りのものに関しては結婚が紅白か金、香典は白黒か銀のものを使います。蝶結びの場合は水引の色はすべて紅白です。

最近では、パステルカラーの水引がついたのし袋も売られていますから、必ずしもこのルールが絶対的なものではなくなっているといえますが、目上の人や格上の人の慶事がある場合は、正式な水引のついたものを使うようにしましょう。

水引の先が鶴などの美しい形にアレンジしてあったり、おめでたいモチーフが添えられているものなど、のし袋の種類はさまざまです。中に入れる金額とのバランスを考えながら好みのものを選ぶのも楽しいものです。

結婚式と〝宗教観〟について知っておきたい常識

　神道は日本の伝統的な宗教であり、結婚という人生の重要な局面においても、神前結婚式を挙げるのが古式ゆかしい伝統的なやり方に思えます。

　ところが、神前結婚式が行われるようになったのは意外と最近のことなのです。最初の神前結婚式が行われたのは明治34年だといいます。

　後の大正天皇である皇太子が皇室初の神前結婚式を挙げ、その様子が現在の東京大神宮で再現されたのです。

　これを機に、全国各地の神社で神前結婚式を執り行うのがブームとなり、一般の人にも広まっていきました。

　では、それまでの結婚式はどこで行われていたのかというと、媒酌人を立てて新郎の家に親せきや友人が集まって宴会を催す人前結婚式が主流でした。

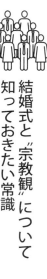

確かに江戸時代などが舞台の時代劇などを観ると、実家を出た花嫁行列は神社などではなく新郎の家に向かっています。

じつは、日本では結婚というのはごく個人的なことと考えられていたので、あえて神の前で誓うという習慣はなかったのです。

現在では神前やキリスト教式をはじめ、レジャー施設を貸し切ったりスキューバダイビングをしながら式を挙げるなど、ブライダル業界では何でもありといった様相を呈しています。

また、あえて宗教的な施設を使わずに、親しい友人や家族に囲まれた人前結婚式もメジャーになりました。明治以前の結婚式のことを知れば、これはある意味古い時代の日本的なスタイルへの回帰とも考えられます。

ライフスタイルが変化することによって価値観も多様化し、結婚はあくまで新郎新婦2人のものであるという考え方も主流になってきました。

その結果として、新しいようで懐古的な人前結婚式というスタイルが増えてきたのも面白い現象といえるかもしれません。

日本だけで発展した印鑑がいまだに廃れない理由

書類などを作る時に欠かせないのが印鑑です。重要な書類には自筆の署名と共に印鑑を押すのは今も昔も変わりません。

しかし、この印鑑というのは日本独自のものだというのはご存じでしょうか。外国ではほとんどの場合、自筆のサインというのが最も効力を発揮する証しとなります。

たとえば、首脳会談などで文書に調印するシーンが映像で流れることがありますが、調印といいつつ政治家が行っているのはペンを使ったサインだということがわかります。

確かに印鑑というのは特注しない限りは簡単に偽造できるものですし、一般的な名字であれば１００円ショップで手に入るもので代用できてしまいます。

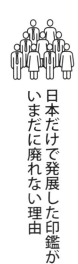

セキュリティーの面では〝穴〟だらけともいえる印鑑ですが、その歴史は古代までさかのぼることができます。

歴史の教科書などで見た中国伝来の「金印」がそのルーツです。

中国からさまざまな文化を取り入れていた日本にとって、金印は最高級の価値がありました。文書に印を押すことが、権威の表れだったのです。

元来器用な国民性もあり、その後印鑑は多様な字体や特殊な形に発展していきました。

グローバルスタンダードな観点からいえば、印鑑がいまだに効力を発揮する日本の社会はとてもユニークなものといえるかもしれません。

いくら時代がペーパーレスになっても、銀行などでも当たり前のように押印が要求されます。

わざわざ押すのが煩わしいようなこともありますが、結局今なおすたれていないのは印鑑がひとつの文化として日本人に深く根づいているからです。

北枕、北玄関…方角をめぐる日本人のタブーとは？

「北枕は縁起が悪い」ということを聞いたことがあると思います。日本人にとって北の方角というのは何となくイメージが悪いもののようで、「北玄関」も間取りとしては嫌われています。

しかし、この「北枕」や「北玄関」が縁起が悪いということに根拠がないといったら驚くでしょうか。

じつは、方位を見る風水の考え方でも「北枕」は頭を冷やして足を温める「頭寒足熱」としてむしろ歓迎されているのです。

では、宗教的な面からみるとどうかといえば、北枕とは釈迦が入滅した涅槃の際に、北の方角に頭を向けて伏せていたとされていたことからきています。

涅槃図に倣って日本では遺体を北枕に寝かせるのですが、これは釈迦にあやかって死者を極楽浄土に送るための儀式で、北という方角そのものがそこまで忌み嫌われるようなものでもないように感じます。

おそらく、ことさらに不浄を嫌う国民性故なのか、死者と同じスタイルで寝ることが感覚的に受け入れられないという側面もあるのかもしれません。

実際、風水や仏教の本場である中国やインドでも、特に北枕を避けるような風習はないようです。

また、北向きの玄関については、家相学の観点から見ても特別悪いものではないといいます。家相を見る時に気をつける鬼門についても、表鬼門は北東、裏鬼門は南西というように北が鬼門ということはありません。

結局、北という方角の持つイメージが、根拠も薄いまま日本人にとって「不吉なもの」として定着してしまった結果だということになるのでしょう。

日本人にとって北枕や北玄関が避けたくなってしまう不吉なものであることは変えようもない事実ですが、何の根拠もない〝迷信〟のひとつだということを覚えておいてもいいかもしれません。

○参考文献

『神道の常識がわかる小事典』(三橋健／PHP研究所)、『そのバイト語はやめなさい』(小林作都子／日本経済新聞社)、『「図解 社会人の基本 マナー大全」(岩下宣子／講談社)、『必携！ ビジネスマナー』(阿部開道／西東社)、『大人の常識とマナー決定版』(学研教育出版編／学研教育出版)、『できる人は、ここまでやっている！ 一生使える「敬語の基本」が身につく本』(井上明美／大和出版)、『陰陽で読み解く日本のしきたり』(大峡儷三／PHP研究所)、『スラスラ話せる敬語入門』(渡辺由佳／かんき出版)、『石川先生の「ビジネスマナー」スーパーレッスン』(石川信子／すばる舎)、『図解 マナー以前の社会人常識』(岩下宣子／講談社)、『ビジネスで恥をかかない日本語のルール』(白沢節子／日本実業出版社)、『さすが！と言われるビジネスマナー 完全版』(高橋書店編集部編／高橋書店)、『ビジネスマナー入門』(梅島みよ、土舘祐子／日本経済新聞社)、『「問題ありません」は上司に失礼！ 大人の敬語常識』(トキオ・ナレッジ／宝島社)、『「仕事の基本」が身につく本 3日で読める！ 一生役立つ！』(古谷治子／かんき出版)、『仕事も人間関係もうまくいく！ こんなときには、こんなことばづかいを』(永崎一則／PHP研究所)、朝日新聞、読売新聞、毎日新聞、日本経済新聞、夕刊フジ、日刊ゲンダイ、ほか

○参考ホームページ

キャリアカーバー、社会人の教科書、マナーの虎、人生の教科書、日経ウーマンオンライン、みんなの仕事Lab、日立ソリューションズ、STUDY HACKER、小学館、マナーcheck、言葉の救急箱、リクナビNEXTジャーナル、NIKKEI STYLE、日本医事新報社、インフルエンザNav、サライ.jp、imidas、ほか

青春文庫

決定版《けっていばん》 知《し》らないとつまずく大人《おとな》の常識力《じょうしきりょく》

2018年11月20日　第1刷

編　　者　話題《わだい》の達人《たつじん》倶楽部《くらぶ》

発行者　小澤源太郎

責任編集　株式会社プライム涌光

発行所　株式会社青春出版社

〒162-0056　東京都新宿区若松町 12-1
電話 03-3203-2850（編集部）
03-3207-1916（営業部）
振替番号　00190-7-98602

印刷／中央精版印刷
製本／フォーネット社
ISBN 978-4-413-09708-6

ほんとうのあなたに出逢う　青春文庫

クラシック音楽
一曲も聴いたことのない人のための超「入門書」

中川右介

〝深み〟のある人生には、いつもクラシックがある。その歴史、アプローチの方法…「全体像」がスッキリわかる本。

(SE-704)

肩甲骨リセットで「背中」と「おしり」が面白いほどやせる!

長坂靖子

肩甲骨を正しくほぐすと、背中のムダ肉、ブラのはみ肉、でか尻、もう悩まない。表情豊かなバックスタイルに!

(SE-705)

できる大人の教養 1秒で読む漢字

話題の達人倶楽部［編］

見ているだけで、知識と語彙力が身につく!つい試したくなる2500項。

(SE-706)

人間の悩み、あの神様はどう答えるか

沖田瑞穂

日本でもおなじみの神様から、ギリシャ神話やインド神話など世界中の神様、総勢50の神様が神話を元にアドバイス。

(SE-707)